教育部学校规划建设发展中心智慧学习工场（2020）试点教材

创业画布

Entrepreneurship Canvas

创业者需要跨越的12个陷阱

刘志阳 ◎ 编著

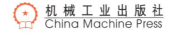

机械工业出版社
China Machine Press

图书在版编目（CIP）数据

创业画布 / 刘志阳编著 .—北京：机械工业出版社，2018.1

ISBN 978-7-111-58892-4

I. 创… II. 刘… III. 创业 IV. F241.4

中国版本图书馆 CIP 数据核字（2018）第 002888 号

　　本书以创业机会为主线展开，系统地阐述了创业管理的基本理论、概念、工具与方法。全书共 12 章，主要内容包括：认识创业、创业选择、创业情境、精益创业、创业机会、创业计划、商业模式、创业团队、创业融资、企业创建、企业成长、社会创业，本书图文并茂地展现创业管理的核心要领，极大地增强了可读性，能够让你轻松愉快地领悟创业的过程，提高创业管理能力；同时全书以学习地图为引领，围绕创业全过程重点阐述了每个阶段应该掌握的要领和可能遭遇的陷阱。我们相信，《创业画布》将有助于"互联网＋"时代的创业者成长。

　　本书可作为高等院校全体大学生的创业基础课教材，也可供创业者和对创业或创业知识感兴趣的人士阅读参考。

出版发行：机械工业出版社（北京市西城区百万庄大街 22 号　邮政编码：100037）

责任编辑：孟宪勐　　　　　　　　　　　责任校对：殷　虹

印　　刷：中国电影出版社印刷厂　　　　版　　次：2018 年 2 月第 1 版第 1 次印刷

开　　本：240mm×186mm　1/16　　　　印　　张：20.5

书　　号：ISBN 978-7-111-58892-4　　　定　　价：59.00 元

凡购本书，如有缺页、倒页、脱页，由本社发行部调换
客服热线：(010) 88379210　88361066　　　投稿热线：(010) 88379007
购书热线：(010) 68326294　88379649　68995259　　读者信箱：hzjsj@hzbook.com

版权所有 · 侵权必究
封底无防伪标均为盗版
本书法律顾问：北京大成律师事务所　韩光 / 邹晓东

序言

创业应该成为一种生活方式

世界变得越来越快，新技术、新产品不断涌现，消费者需求也越来越个性化，不可否认，一个易变、复杂和超级链接的世界已经到来！很多行业都被互联网洗劫，面临着史无前例的转型创新的压力。在这个不确定的环境中，大部分企业的行业领先地位无法持久。2001年，曾是美国最大的能源、电力、天然气公司的安然公司破产；2008年，曾是华尔街第四大投资公司的雷曼兄弟破产；2009年，曾是美国商业史上最大的工业公司通用汽车寻求破产保护；2012年，曾经突破100亿美元销售大关的柯达公司宣告破产；2017年，全球第一家奢侈手机公司威图（诺基亚创立）倒闭……

与之相比，出现了越来越多的"蚂蚁绊倒大象"的案例，比如滴滴可能逐步替代很多城市的出租车，并成为全球最大的出行平台。同时，组织也变得越来越扁平，已有的组织边界正在日趋消融，变得更灵活、透明和全球化。例如，海尔公司开放自身平台吸纳内部员工和外部人员进行内部创业。这些剧烈的技术和组织变化渐渐地影响到了社会生活方式和文化的变化。人们开始相信创业不再是离经叛道的选择，而是青年人除传统职业生涯之外的正常的生活方式。

如果你对创业有兴趣，那么《创业画布》这本书非常适合你。你或许听说过新创企业的高失败率，或是已经遭受过失败，那么你一定希望运用科学的方法去解决创业过程中面临的种种问题。通过本书，你可以系统地了解如何进行创业管理，实现理论和实践的双重提升。这些问题包括：中国的创业环境如何？创业者需要具备哪些特质？如何识别创业机会？如何使用商业画布？如何组建创业团队？如何为新创企业融资？如何推广产品和服务？等等。如果你带着这些问题阅读本书，你将获益匪浅。

《创业画布》是创业管理教材的延伸。本书图文并茂地展现了创业管理的核心要领，极大地增强了可读性，能够让你轻松愉快地领悟创业的过程，提高创业管理能力。全书以学习地图为引领，围绕创业全过程重点阐述了每个阶段应该掌握的要领和可能遭遇的陷阱。我们相信，《创业画布》将有助于"互联网+"时代的创业者成长。

目录

Entrepreneurship Canvas

序 言 创业应该成为一种生活方式

第1章　认识创业 / 2
1.1　为什么要创业 / 4
1.2　什么是创业 / 8
1.3　创业需要哪些要素 / 12
1.4　创业要经历哪些阶段 / 18
1.5　创业活动类型有哪些 / 19
1.6　怎样应对创业的常见误区 / 22

第2章　创业选择 / 24
2.1　你的创业初心是什么 / 27
2.2　什么样的人更可能创业成功 / 29
2.3　创业需要什么样的能力 / 32
2.4　如何做出恰当的创业决策 / 37
2.5　你是一个合格的创业者吗 / 40
2.6　怎样应对创业决策陷阱 / 44

第3章　创业情境 / 46
3.1　"互联网+"带来了什么 / 48
3.2　怎样分析中国的创业环境 / 52
3.3　中国都有哪些创业机会 / 58
3.4　怎样应对创业情境陷阱 / 70

第4章　精益创业 / 72
4.1　设计思维有几步 / 74
4.2　何为精益创业 / 80
4.3　怎样应对精益创业陷阱 / 87

第5章　创业机会 / 90
5.1　创业机会有哪些特征 / 94
5.2　创业机会是如何产生的 / 98
5.3　创意如何产生 / 100
5.4　机会如何识别 / 103

5.5　机会如何筛选 / 107
5.6　机会如何测试 / 110
5.7　怎样应对机会陷阱 / 113

第6章　创业计划 / 116
6.1　如何进行可行性分析 / 118
6.2　如何写一份好的创业计划书 / 124
6.3　怎样应对计划陷阱 / 140

第7章　商业模式 / 142
7.1　什么是商业模式 / 145
7.2　什么是商业模式画布 / 150
7.3　如何使用画布 / 152
7.4　商业模式新思维有哪些 / 159
7.5　怎样应对商业模式陷阱 / 170

Entrepreneurship Canvas

第8章　创业团队 / 172

8.1 什么是创业团队 / 174

8.2 创业团队需要哪些角色 / 179

8.3 如何组建创业团队 / 181

8.4 如何管理创业团队 / 193

8.5 怎样应对团队陷阱 / 202

第9章　创业融资 / 204

9.1 什么是融资决策 / 208

9.2 创业融资有哪些来源 / 214

9.3 如何进行融资谈判 / 235

9.4 怎样应对融资陷阱 / 246

第10章　企业创建 / 248

10.1 企业创建的流程是怎样的 / 250

10.2 如何管理初创企业 / 258

10.3 企业法务有哪些 / 265

10.4 怎样应对法律陷阱 / 272

第11章　企业成长 / 274

11.1 如何应对成长挑战 / 276

11.2 如何克服新创弱性 / 288

11.3 如何获得合法性 / 289

11.4 创业管理有什么特征 / 290

11.5 初创企业成长战略有哪些 / 293

11.6 企业如何传承 / 298

11.7 怎样应对成长陷阱 / 299

第12章　社会创业 / 302

12.1 什么是社会创业 / 304

12.2 社会企业有何不同 / 310

12.3 什么是公益创投 / 316

12.4 怎样应对社会创业陷阱 / 318

后记 / 319

创业是个"小步快速走"的过程。"雄鹰"一般的快速行动固然重要,但是"蜗牛"的小心试错也非常值得提倡。创业路上,如果有了"蜗牛"的不断试错精神和坚持不妥协的恒心,每个创业者都可能达到心中的目标,因而本书用了"蜗牛"这样的形象来形容这个艰辛的创业之路。从下一章开始,我们将基于创业过程,依次为你展示初创路上必须克服的12个常见陷阱,这也是创业者必须修炼的12个课题。

1	**创业认识陷阱**	7	商业模式陷阱
2	创业决策陷阱	8	创业团队陷阱
3	创业情境陷阱	9	创业融资陷阱
4	创业方法陷阱	10	创业法律陷阱
5	创业机会陷阱	11	企业成长陷阱
6	创业计划陷阱	12	社会创业陷阱

(插图:周成悦)

第1章　认识创业

学习地图

为什么要创业　什么是创业　创业需要哪些要素　创业要经历哪些阶段　创业活动类型有哪些　怎样应对创业的常见误区

创业，是一个充满诱惑的字眼，创业意味着成功、财富、地位和名望；创业也是一个让人恐惧的字眼，因为它也意味着失败、艰辛、落魄和名誉扫地。就是这样让人充满期待又犹豫不决的两个字，吸引着越来越多的人义无反顾地走上创业之路，披荆斩棘后，收获着令人羡慕的果实。你可能经常会想，我当初怎么没有这样做呢？他做的事我也完全可以做啊，怎么我就没想到呢？要是那时候坚持一下就可以成功了，怎么退缩了呢……在可惜和遗憾中目睹着别人的成功，而内心又会蠢蠢欲动，这就是创业的魅力。

那么，创业到底是什么？什么是真正的创业？创业的动因何在？创业有哪几种类型？创业包含哪些要素？创业的过程是怎样的？对于创业，你是不是有充足的准备？这些应该是每一个有意创业之士在确定创业之前必须认真思考的问题，本章正是从创业的概念入手，为你打开创业之门。

1.1 为什么要创业

创业是经济增长的火车头

选择创业与否首先要考虑我们所处的时代。全球正从管理型经济向创业型经济转变,与大家认为的大企业是经济增长的主要动力相反,事实上小企业和创业企业才是经济增长的火车头。

自1980年以来,在美国和世界其他一些国家或地区,小企业和创业者每年创造了70%以上的新就业机会与70%以上的新产品和新服务。自1990年以来,美国每年都有100多万个新企业成立,即平均250个美国公民就有一个新企业。

中国超过60%的国民生产总值(GDP)是由中小企业创造的。中国中小企业和小微企业已有7 000多万家,占全国企业总数的99%以上。

伴随"双创"的广泛开展,2016年中国可登记企业同比增长24.5%,平均每天新增1.5万户,加上个体工商户等,各类市场主体每天新增4.5万户。

全球化竞争、技术快速创新和消费升级都使得大企业的生命周期越来越短,为创业企业和小企业发展提供了广阔的空间,出现了越来越多"蚂蚁绊倒大象"的案例:新华书店被当当网逐步替代;柯达被手机数码功能逐步取代;出租车被滴滴逐步替代。这种现象在近些年尤其显著。

创业聚焦：2017年中国独角兽

美国数据分析公司 PitchBook 发布 2017 年全球最新企业估值名单，全球共 57 家初创企业估值超 10 亿美元，跻身"独角兽"行列。中国有 18 家公司上榜，覆盖当下最热门领域，比如人工智能、物流、云计算服务、共享经济、新能源汽车等。这些初创企业短短时间已经成为行业的新标杆，显示了创业的惊人力量。

企业名称	估值（10亿美元）	所在领域
今日头条	20.0	内容
链家	6.0	房产
蔚来汽车	5.0	新能源汽车
北汽新能源	4.2	新能源汽车
摩拜单车	3.0	共享单车
ofo	3.0	共享单车
商汤科技	3.0	人工智能
大搜车	1.5	汽车服务
优客工厂	1.5	共享办公
VIPKID	1.5	教育
Seasun	1.4	游戏
天下秀	1.4	社交化营销
DotC United Group	1.1	出海全球化
阿里体育	1.0	文娱
Lalamove	1.0	物流
青云	1.0	云服务
越海全球物流	1.0	物流
知乎	1.0	内容

创业是影响一生的决策

- ✓ 自我实现——创业者的精神支柱
- ✓ 创造财富——创业者的生存支点
- ✓ 影响他人——创业者的生存空间

> 创业是改变人一生的决策,它对创业者的意义不仅仅在于财富的积累和地位的提高,还在于它是创业者证明自我、实现个人梦想,进而超越自我、影响他人和社会的过程。今天,很多人开始将创业作为人生的重要选项。

影响他人　自我实现　创造财富

创业标杆：扎克伯格谈为何创业

2017年Facebook创始人扎克伯格为清华经管课堂上的同学们分享了三个小故事，并以此来说明自己"为什么创立"企业。

我第一个故事关于相信你的使命，做你觉得是重要的事情。2004年，我创立Facebook那时，互联网上已有很多网站，你可以找到差不多所有的东西：新闻、音乐、书、电影、购物，可是没有服务帮我们找到生活中最重要的东西：人。当我创立Facebook的时候，我不是要创立一个公司，我想要解决一个非常重要的问题。我想把人们连接在一起。当你有使命时，它会让你更专注。

我第二个故事关于"用心"。如果你有了使命，你不需要有完整的计划，往前走吧，只要你用心。我没想到，我可能会建立这个连接世界的产品。我觉得一个大公司，像微软或谷歌会开发这个产品。但是，它们为什么没做？我们只是大学生，我们没有计划，我们没有资源。我们是怎么创造出世界上最大的互联网社区？在路上的每一步，都有人会说新的想法不会成功。我们面对过好多问题，需要改变好多次。我们开始只是一个小产品，为美国学生服务。一开始的时候，有人说："Facebook只是给学生用的，所以它永远不会是重要的。"可是，我们还是继续把Facebook开放给所有人使用。又有人说："社交媒体永远不会赚钱。"可是我们依然继续，建立了一个强大的业务。然后又有人在说："人们不会在手机上用Facebook。"我们还是继续，我们现在成立了以移动为中心的公司。

我第三个故事关于向前看。10年前，我们的目标是连接10亿人。因为以前没有互联网企业做过，所以我们觉得这是一个很大的目标。当我们达到了这个目标时，我们开始了解10亿只是一个数字，我们真正的目标是连接整个世界的每一个人。这难多了。世界上差不多2/3的人没有互联网。把他们连接起来，我们必须扩大整个互联网。要做到这个，我们需要创造新的技术，像卫星和飞机，把他们连接起来。超过10亿人没有钱上互联网，所以我们需要让互联网更便宜。大约20亿的人没有用过电脑或互联网，所以我们需要创造新的方案，帮助他们连接起来。每走一步，你都可以做新的东西。以前你觉得是不可能的，现在就可能。现在，你又面对非常难的挑战，你努力，也会解决这些挑战。一直向前看。

在你开始做之前，不要只问自己：你怎么做？要问自己：为什么做？你应该相信你的使命，解决重要的问题，非常用心，不要放弃，一直向前看。

资料来源：http://www.sohu.com/a/201104102_118792。

1.2 什么是创业

狭义的创业是指：从零开始创建新企业。

广义的创业是指：创业不仅是新创企业的专利，所有创建活动都可以被理解为创业。

中文语境

- 最早出现于《孟子·惠王下》："君子创业垂统，为可继也"
- 《出师表》："先帝创业未半，而中道崩殂"
- 《辞海》，创业被解释为"开创基业"

英文语境

- 表示"创业企业"的有："venture""start-up""business venture""new business venture"等
- 表示"创业者"的有"entrepreneur"
- 表示"创业行为（创业活动）"的有："venturing""entrepreneurship""business venturing""corporate venturing"
- 表示"创业精神"一词的是"entrepreneurship"

创业标杆：从思科看发明与创业

比尔·耶格尔虽然是多重协议路由器的发明者，但他个人并没有因思科的成功，而获得任何商业利益。虽然科学研究与技术发明是一个新兴科技产业发展所必须要有的基础，但由于经济利益必须在商业市场中方能呈现，而科学研究阶段尚未出现商业市场，因此科学研究成果的商业价值普遍不高。波萨克与莱纳虽然不是路由器的发明者，但他们却能熟练应用路由器技术，并发现它的市场价值。**创业家与发明家的不同，就在于创业家能看到技术产品的市场价值，并能采取行动来实现这样的价值。**许多研究显示，创业者与非创业者之间的最大差异，并非是个性因素，而主要是行动因素。

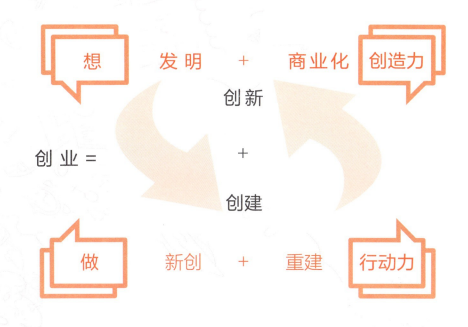

创业活动

创业活动 是在创新创业精神的驱动下,对创业机会进行识别和开发的创建过程,是创业者主导下的高度综合的不确定性管理活动。创业不完全等同于创新或一般意义上的创建活动,创业活动既需要创造力,更要求行动力。

三个方面的内涵

- 创业活动是机会识别和开发的创建过程。

- 创业活动是企业家精神驱动的结果。

- 创业活动是复杂管理和不确定性管理活动。

创业活动与管理活动的逻辑区别

	管理活动逻辑	创业活动逻辑
对未来的认识	**预测**：把未来看成是过去的延续，可以进行有效的预测	**创造**：未来是人们主动行动的某种偶然结果，预测是不重要的，要做的是如何创造未来
行为的原因	**应该**：以利益最大化为标准，通过分析决定应该做什么	**能够**：做你能够做的，而不是根据预测的结果去做你应该做的
采取行动的出发点	**目标**：总目标决定子目标，子目标决定了要采取哪些行动	**手段**：从现有的手段开始，设想能够利用这些手段采取什么行动，实现什么目标，这些目标最终结合起来构成了总目标
行动路径的选择	**既定承诺**：根据对既定目标的承诺来选择行动的路径	**偶然性**：选择现在的路径是为了使以后能出现更多更好的途径，因此路径可能随时变换
对风险的态度	**预期回报**：更关心预期回报的大小，寻求能使利益最大化的机会，而不是降低风险	**可承受的损失**：在可承受的范围内采取行动，不去冒超出自己承受能力的风险
对其他公司的态度	**竞争**：强调竞争关系，根据需要对顾客和供应商承担有限的责任	**伙伴**：强调合作，与顾客、供应商，甚至是潜在的竞争者共同创造未来的价值

资料来源：S Read, S D Sarasvathy. Knowing What to Do and Doing What You Know: Effectuation as a Form of Entrepreneurial Expertise[J]. Journal of Private Equity,2005,9(1):45-62.

创业活动和管理活动有很大区别，这也就是我们要学习本书的原因。

1.3 创业需要哪些要素

创业要素包含创业者、创业机会、创业资源和创业组织。

创业本质上是创业者、机会、组织和资源相互作用，互相匹配，以创造价值的动态过程。理解创业，很重要的是要理解上述要素组合。

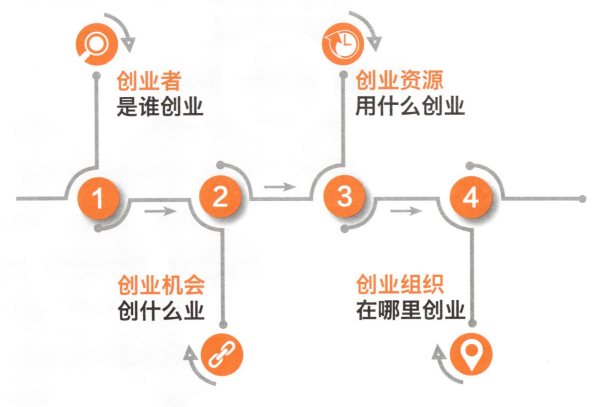

创业者

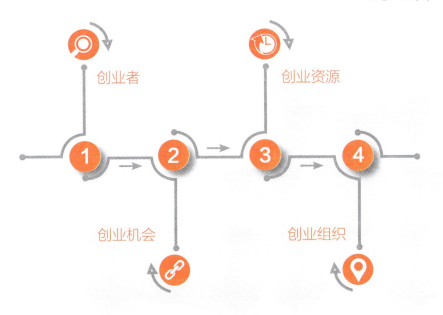

创业者是推动创业的主体要素。创业精神产生创业动机，创业者特质影响创业的成败。创业者特质包括创业者的性格、能力、知识结构及精力和时间，即作为创业者，他必须具备一定的特征和素质。不过，当前越来越多的人认为，一个诸葛亮顶不过三个臭皮匠。创业团队是对核心创业者能力的补充。

为什么是他而不是你发现机会？

创业者的七大必备条件（RISKING）

1. 充分的资源（resources），包括人力和财力
2. 可行的概念（ideas）
3. 适当的基本技能（skills）
4. 有关行业的知识（knowledge）
5. 才智（intelligence）
6. 网络和关系（network）
7. 确定的目标（goal）

创业机会

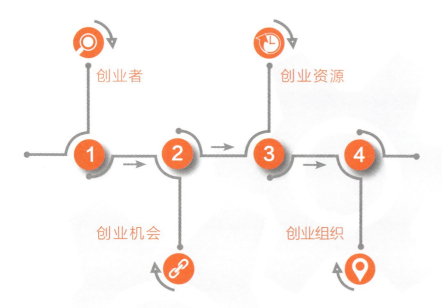

创业机会是推动创业的核心要素。创业者视改变为机会而加以利用，但创业的关键因素不仅需要认识机会更要有意愿并真正采取行动。机会窗口的评估贯穿于创业过程的始终。

为什么机会的价值区别如此之大？

‖ 新产业机会&传统产业机会？

‖ 模仿型机会&创新型机会？

‖ 破坏型创新机会&持续型创新机会？

创业资源

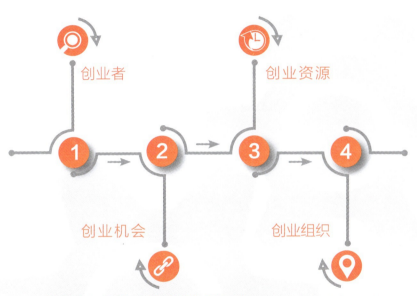

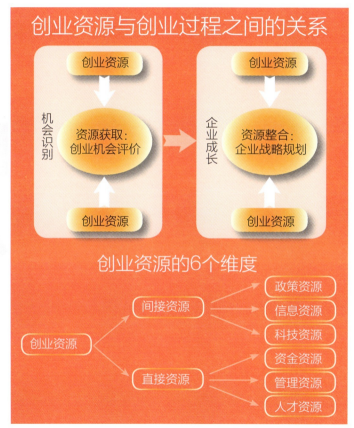

创业资源是推动创业的物质要素。 很多成功企业往往就是关键资源的拥有者。在初创阶段资源不足时,创业者的资源获取能力非常重要;在企业成长阶段,资源整合能力则非常关键。

资料来源:林嵩.创业资源的获取与整合[J].经济问题探索,2007(6).

创业组织

创业组织是推动创业的组织要素,是创业的载体。创业活动是在组织之中进行的,离开了组织,创业活动就无法协调,创业的资源就无法整合,创业者的领导作用就无从谈起。不同的创业组织形式服务于创建的不同目的。

内部创业

它是指组织更新的过程,既包括通过市场开发或引进产品、流程技术和管理创新来创建新企业,也包括企业的理念再定义、再组织以及制度创新等。

新建企业

它是指最通常意义上的创业形式。包含:
- 注册个体工商户
- 成立有限责任公司
- 成立股份有限公司等

社会企业

它是指运用商业手段,实现社会目的的创业形式。社会目的包含:
- 促进包容性发展
- 促进环境可持续发展
- 为弱势群体创造就业
- 推进社会公平

家族传承

家族传承是不改变原有企业形式而对企业的继承。继承的3种形式:
- 转移继承,即企业形式的延续
- 演进继承,涉及所有权和控制权的根本改变,形成更复杂的家族企业系统
- 退出继承,形成一个更简单的家族企业

创业聚焦：创业过程模型

蒙斯（Jeffry Timmons）模型运用创业机会、资源与创业团队三要素来概括创业过程的复杂性和动态性特征。蒂蒙斯认为，随着时空变迁、机会模糊性、市场不确定性、资本市场风险及外在环境等因素对创业活动的冲击，创业过程充满风险与不确定性，创业机会、资源和创业团队三要素也会因相对地位的变化而产生失衡现象，此时创业团队扮演着调整活动重心以获得创业机会与资源相对平衡的核心决策者角色；创业初期机会的挖掘与选择是关键，创业团队的决策重心在于迅速整合资源以抓住创业机会；随着新企业的创立与成长，资源日渐丰富，企业面临更为复杂的竞争环境与市场环境，创业团队的决策重心转向合理配置资源以提高资源使用效率，构建规范管理体系以抵抗外部竞争与不确定性等活动。

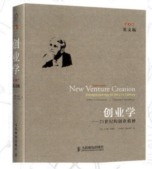

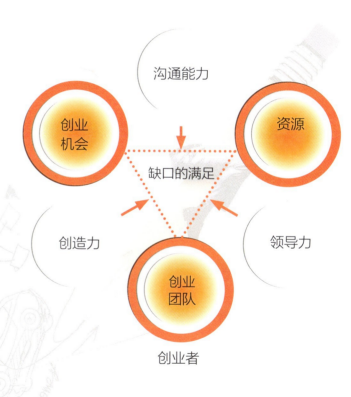

1.4 创业要经历哪些阶段

第一阶段	第二阶段	第三阶段	第四阶段
识别与评估商业机会	准备并撰写创业计划	获取创业资源与团队组建	管理新创企业
• 创新性与"机会窗口"的长度	• 封面页	• 创业者的现有资源	• 管理方式
• 机会的价值	• 目录	• 资源缺口与目前可获得的资源供给	• 成功的关键因素
• 机会的风险与回报	• 计划	• 通过一定渠道获得其他所需资源	• 当前问题与潜在问题的辨识
• 机会与个人技能匹配	1. 商业活动描述	• 核心团队形成	• 控制系统的完备化
• 行业竞争分析	2. 行业的描述		
	3. 营销计划		
	4. 财务计划		
	5. 生产计划		
	6. 组织计划		
	7. 营运计划		
	8. 总结		
	• 附录或图表		

　　创业过程通常可以分为四个阶段。但是，并不是说所有的创业过程都会先有创业计划再进行创建活动。很多时候，创业计划往往表现在创业者的创业意图和构想中，不会体现在书面上。

1.5 创业活动类型有哪些

随着创业活动的日益活跃,创业活动的类型也呈现多样化的趋势。

1. 基于初始动机的分类

拉斐尔(Raphael)和阿密特(Amit)的研究,从动机的角度将创业划分为"推动"型创业和"拉动"型创业。

推动型创业是指创业者对当前的现状不满,并受到了一些非创业者特质因素的推动而从事创业的行为。拉动型创业是指创业者在"新创一个企业的想法"以及"开始一个新企业活动"的吸引下,因创业者自身的个人特质和商业机会本身的吸引而产生的创业行为。

全球创业观察(GEM)报告提出了生存型创业和机会型创业的概念,这一概念的提出是建立在前人学者对推动型创业和拉动型创业的研究基础之上的。在报告中雷诺兹(Reynolds)等人指出,生存型创业就是那些由于没有其他就业选择或对其他就业选择不满意而从事创业的创业活动,机会型创业就是那些为了追求一个商业机会而从事创业的创业活动。

2. 基于初始资源的分类

芝加哥大学阿玛尔·毕海德(Amar V. Bhide)教授,曾在哈佛商学院讲授创业课程,为了整理出清晰的授课计划,他带领学生对1996年进入美国*Inc*.500(《公司》杂志评选出的成长速度最快的500家企业排名)的企业主进行了深入访谈,并于2000年出版了《新企业的起源与演变》一书。他将原创性的创业概括为五种类型,分别是边缘创业、冒险型的创业、与风险投资融合的创业、大公司的内部创业和革命型的创业。

基于初始资源的分类

因素	冒险型的创业	与风险投资融合的创业	大公司的内部创业	革命型的创业
创业的有利因素	创业的机会成本低；技术进步等因素使得创业机会增多	有竞争力的管理团队；清晰的创业计划	拥有大量的资金，创新绩效直接影响晋升；市场调研能力强；对R&D的大量投资	无与伦比的创业计划；财富与创业精神集于一身
创业的不利因素	缺乏信用，难以从外部筹措资金；缺乏技术管理和创业经验	尽力避免不确定性，又追求短期快速成长，市场机会有限；资源的限制	企业的控制系统不鼓励创新精神；缺乏对不确定性机会的识别和把握能力	大量的资金需求；大量的前期投资
获取资源	固定成本低；竞争不是很激烈	个人的信誉；股票及多样化的激励措施	良好的信誉和承诺；资源提供者的转移成本低	富有野心的创业计划
吸引顾客的途径	上门销售和服务；了解顾客的真正需求；全力满足顾客需要	目标市场清晰	信誉、广告宣传；关于质量服务等多方面的承诺	集中全力吸引少数大的顾客
成功基本因素	企业家及其团队的智慧；面对面的销售技巧	企业家团队的创业计划和专业化的管理能力	组织能力、跨部门的协调及团队精神	创业者的超强能力；确保成功的创业计划
创业的特点	关注不确定性程度高但投资需求少的市场机会	关注不确定性程度低、广阔且发展快速的市场和新的产品或技术	关注少量的经过认真评估的有丰厚利润的市场机会，回避不确定性程度高的市场	技术或生产经营过程方面实现巨大创新，向顾客提供超额价值的产品或服务

资料来源：葛宝山，刘庆中.基于Timmons模型的创业类型系统分类研究[J].中国青年科技，2007（1）.

3. 基于创业领域的分类

创业正越来越从商业领域向社会领域拓展,表现为越来越多的社会创业行动,这也正是大众创业的基础。同时,在商业领域内部,创业精神也正在重塑传统的企业组织形式和行业边界,表现为越来越多的公司内部创业行为。

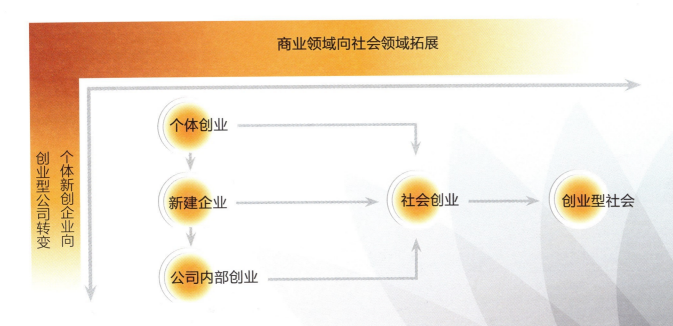

1.6 怎样应对创业的常见误区

创业的常见创业误区	表现特征	克服方法
不了解创业的意义	简单认为创业就是赚钱	要加深对创业意义的认知。创业是改变人一生的决策，它对创业者的意义不仅仅在于财富的积累和地位的提高，还在于它是实现自我和超越自我的过程。
不清楚创业的真正含义	简单认为发明或者创造就是创业	要强化对创业本质的认知。创业是基于创新的创建行动。但发明家往往不是创业者。相对发明家而言，创业者能前瞻性地判断发明的商业价值，并采取行动去努力实现。
对创业要素不了解	不清楚创业过程涉及哪些环节	可通过与初创企业家访谈，增加对创业过程的要素认识。创业本质上是创业者、机会、组织和资源相互作用以创造价值的动态过程。
对创业类型不了解	认为创业仅仅是创办新企业	加强对新创现象的了解。比如，海尔开放创新平台致力于打造全球最大的创新生态系统，其实就属于典型的内部创业。

1　创业认识陷阱
2　创业决策陷阱
3　创业情境陷阱
4　创业方法陷阱
5　创业机会陷阱
6　创业计划陷阱
7　商业模式陷阱
8　创业团队陷阱
9　创业融资陷阱
10　创业法律陷阱
11　企业成长陷阱
12　社会创业陷阱

第2章　创业选择

学习地图

认识自己是创业活动的起点。创业者的成长背景、创业动机和创业行业完全不同,但是他们却都具有独立、自信、创新、敏感、专注、执着等共同特质。创业是创业者主导下的综合的、复杂的管理活动,对创业者的能力有较高要求(包括领导能力、学习能力、决策能力、洞察能力等)。创业者必须学习和训练自己,以娴熟地运用这些能力,创业才可能取得成功。

创业企业由于处在起步阶段,实力弱、影响小,伦理问题常常被忽略或遗忘。但伦理问题作为创业的基石,会影响到日后的长远发展,必须从创业开始就加以重视。

创业是个重大决策,需要审慎思考,认真准备,预防各种创业陷阱。要明确创业目标,选择恰当方式,实现创业梦想;要及时评估进展,及时选择合适的创业出口,兑现创业利益。

你属于哪种？

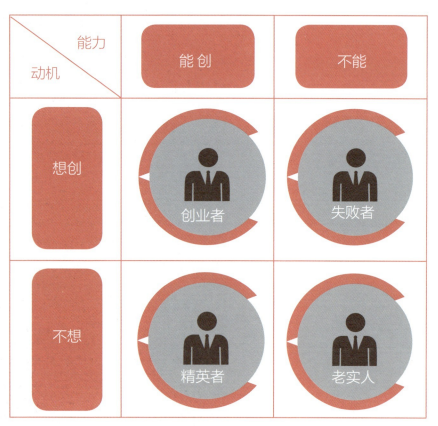

一个人是否会选择创业，与他的动机、特质和能力都有关系。想不想创业是动机问题，能不能创业则涉及个人特质与能力分析。

根据动机和能力不同可以分为**创业者、失败者、精英者、老实人**四种类型。

2.1 你的创业初心是什么

促使创业者选择创业之路的原因之一是他们的动机。据调查,创业者的动机主要分为以下四类:

1 渴望做自己的老板 这是最常见的原因。但这并不意味着创业者与他人难以共同工作,或他们难以接受领导权威。实际上,许多创业者具有强烈的创业欲望,想成为自己的老板,或是对目前的工作现状极端不满,想要另谋出路。

2 渴望实现自己的创意 有些人天生机敏,当他们认识到新产品或新服务创意时,就渴望看到这些创意得以实现。在现存企业环境下进行创新的公司创业者,常常具有使创意变成现实的意念。然而,现存企业经常阻碍创新。当这种情况发生时,员工常常带着未实现的创意离开企业。

3 渴望获得经济回报 创业者将主要精力投入到他们希望能够生存并实现盈利的企业中。创业者拥有自己创业的企业并享有企业赚取的盈利。所有权是财富的关键。创业者的目标是创建一个有着持续盈利能力的企业。

4 改变社会 创业者不仅追求物质层面的满足,更追求精神层面的满足。许多创业者希望通过创建能够盈利又有益的企业,达成帮助大众、改变社会的伟大目标。

中外创业动机对比

创业动机	中国	美国	日本
社会导向			
创办公众认可的企业	1.428	2.441	3.285
为公众和社会创造财富	1.539	2.472	2.532
开发新技术或新产品	1.579	2.576	2.642
个人成就			
改善个人和家庭的生活质量	3.039	4.039	3.247
挣更多的钱	3.587	3.541	3.031
争取更高的社会地位	3.198	2.500	2.194
追求人生的挑战性	2.691	3.751	3.795
提高自身的能力	2.317	3.668	3.570
资源驱动			
使用可利用的创业资本	1.246	2.085	1.842
减轻税收负担	1.016	1.678	1.708

注：1表示非常不符合；3表示一般符合；5表示非常符合。
资料来源：贾生华，邬爱其.中美日三国不同文化背景下的创业特征比较[J].外国经济与管理，2006, 28(10):1-10.

由于社会和文化环境的不同，各国创业者的创业动机也有所不同，左表对比了中、美、日三个国家的创业动机。

从左表中可以看出，日本创业者具有强烈的社会导向动机，其中尤以创办公众认可的企业为最，朋友和家庭成员的意见对个人创业起到非常重要的作用；美国和中国则具有浓厚的个人成就色彩，但美国人创业更多是为了改善个人和家庭的生活质量以及完善与提高自身的能力，通过创业来实现自我价值是美国人追求的终极目标；中国人创业更多是为了挣更多的钱和争取更高的社会地位，这可能是因为中国人经济收入水平还普遍不高，创业往往是由贫困推动的。

2.2 什么样的人更可能创业成功

创业者特质

有了创业动机，不一定就会去创业，也不一定能创业成功。那么，什么样的人更可能创业？什么样的人更容易创业成功呢？这就涉及创业者特质问题。

所谓特质是指一种可表现于许多环境的、相对持久的、一致而稳定的思想、情感和动作的特点。**创业者特质**是指成功创业者所拥有的共同特征。

可以从三方面来概括新时代创业者所需的共同特质。

心理

高成就需要

内控

自信

敏感好奇

风险承担倾向

行为

勤学好问

执着

灵活应变

吃苦耐劳

脚踏实地

知识

坚实的基础知识

广博的专业知识

知识更新与完备

企业家精神六要素

创业者的特质可以汇总成企业家精神这个总的特征,这也是社会认可的判断。

- 首创精神,是指主动提出想法、计划或发明,并加以实施的精神。
- 成功欲,是指一个人心中想要获得成功的强烈欲望。
- 激情投入,是指能够始终保持激情全身心投入去做一件事情。
- 冒险精神,是指一个人是否有勇气承担风险,面对挑战。
- 高度理性,是指能够明辨是非、清楚利害关系并能够控制自己行为。
- 事业心,是指一个人努力成就一番事业的奋斗精神和热爱工作、希望取得良好成绩的积极状态。

2.3 创业需要什么样的能力

促使创业者走上创业之路的第三个因素就是创业能力了。创业能力是能够通过后天的学习和锻炼提高的，主要分为六个方面。开始创业之前，每个人都应该有效评估自己的相关能力是否达到创业者能力要求。

领导力

- 领导力是创业者最重要的技能。
- 创业领导力不同于一般的管理能力,其核心是强化创业团队信任、团队沟通,提升团队凝聚力,促进团队协作,发挥团队的整体力量,从而对整个创业活动施加有效影响。

 领导力　　 学习能力

 沟通能力　　 整合能力

 决策能力　　 执行能力

如何提升创业领导力?

- 识人能力:选人、用人和管人
- 自控能力:对下属的包容和对失败的宽容
- 洞察能力:行业趋势洞察和人性洞察
- 应变能力:企业变革和原则掌控
- 协调能力:资源协调和团队协调

学习能力

- 创业者的学习能力一般包括：直觉和预见，分析和综合，推导和总结。
- 对于创业者来说，关键在于从失败中学习的能力。这是因为失败在创业过程中更常见，如何从失败的挫折中走出来更为关键。

沟通能力

- 沟通能力包含表达能力和交际能力两个方面。创业是一个交流的过程，需要和团队、投资人、客户、供应商等各个团体进行沟通。

创业聚焦：任鑫的失败告白

任鑫，今夜酒店特价联合创始人。2011年和搭档创建特价尾房销售平台"今夜酒店特价"App，现为京东集团副总裁。以下为其自述：

初创公司还是要保持低调，以用户和产品为先。回想当初，我不该那么大张旗鼓地去做宣传，包括发动许多大V的朋友帮忙转发推广。在第一版产品上线的第二天，我们的下载量就冲到了App Store排行总榜的第二名，我们很早就有了100万用户。但是大家提到今夜酒店特价不会觉得这是一个好用的App，相反，他们的印象是酒店选择太少，支付程序不方便，程序设计太丑。尽管我们很快有了后来的几次优化版本，但我却已经得罪了我的用户。在产品没有做好之前，应该闭门造车，等到测试完成，相对成熟的版本上线之后，再去高歌猛进吧，否则只能浪费资源。如果说要总结自己的经验教训，我想说：要学会假设自己的想法是错的。这样就会更虚心地去试，考虑多种可能性。我很喜欢的科幻小说《三体》里有一句话非常经典：无知和愚蠢不是生存的障碍，傲慢才是。两年来，我一半的决策都是错误的，未来，我也不可能避免错误，但是我能做到的是，尽量减少错误的成本。原本一个失误烧掉1 000万元，现在我希望损失几万元就能够回头。用最小的成本去试错，这就是所谓的精益创业。

资料来源：http://www.chinaz.com/start/2015/0408/396869.shtml。

整合能力

✓ 创业过程就是资源聚集与整合的过程——整合创业资金、产品创意、推广渠道、各类人才和社会各类资源。在创业的进程中，资源整合能力要比创业者个人的专业知识、素质都重要。

 领导力　 学习能力

 沟通能力　 整合能力

 决策能力　 执行能力

如何做好创业资源的整合？

- 转变思想，意识到整合资源是非常重要的一部分。
- 做到自己手头有部分资源，不完全依赖别人。
- 发挥资源杠杆效应，用一种资源补足另一种资源，产生更高的复合价值，或者利用一种资源撬动和获得其他资源。
- 设置合理利益机制，资源通常与利益相关，利益关系越强、越直接，整合到资源的可能性就越大。
- 找到利益共同点。在多数情况下，将相对弱的利益关系变强，更有利于资源整合。
- 准备多种整合思路，建立共赢机制，建立稳定的信任关系，并加以维护管理。

决策能力

✓ 创业决策具有较大的不确定性。
✓ 创业决策勿求十全十美。
✓ 创业决策是一个动态过程，通常也是一个系列决策。

执行能力

✓ 创业不仅要有梦想，有计划，更要有行动，付诸实践。
✓ 在创业执行中，尤其需要克服拖拉作风。

"创业周末"限时特训

　　创业是个实践性、操作性极强的行为。如同在水中才能学会游泳，创业不能只满足于课堂学习创业知识，参加创业大赛模拟等，更要能够投入真正的"商战"中，在创业实践过程中学会创业。执行力的关键是对任务的限时完成，"创业周末"训练要求有创业意愿的同学在48小时或72小时内组成自己的团队，就某个创业主题开展封闭式的、爆发式的讨论，在专门导师的指导下最终使自己的创业想法变为现实。实践表明，这种在一定时间限定内，迅速激活创意想法并马上落实的形式，对训练创业者的执行能力、克服拖拉习惯有显著成效。

2.4 如何做出恰当的创业决策

在创业者进行动机、特质和能力评估后就应该进行创业决策选择了。

创业启动决策
创业退出决策

确定决策原则
端正创业动机，处理好个人成长和项目成功的关系
明晰创业目的，处理好生活目标和创业过程的关系
选择创业形式，处理好创业起步和长远发展的关系

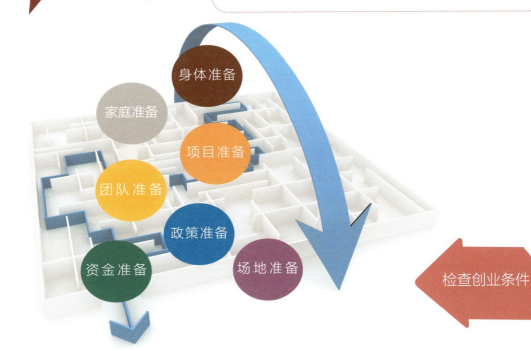

身体准备
家庭准备
项目准备
团队准备
政策准备
资金准备
场地准备

检查创业条件

- 创业需要恰当的出口
- 创业启动决策 创业退出决策
- 创业中止与终止

创业是一个过程性的事件，必须要有一个"出口"，以结束创业阶段。

（1）自己持续经营
这个再理想不过了。

（2）出售、转让、委托经营。
这些都是正常的创业出口，而不是创业失败。

（1）设立创业止损点，区别真假危机。
（2）当机立断，果断终止创业。

创业终止是一个令人痛苦的话题，也是无法回避的话题。如果创业确实难以为继，那么及时止损也是非常重要和正确的创业决策。创业中止或终止，难度不在于行动，而在于思想上和心理上能否接受。面对创业遇挫，创业者在心理上必然很难接受，需要做好心理疏导，不要有心理负担。

创业聚焦：春雨医生创始人逝世

2016年10月6日18时，移动医疗平台春雨医生发布消息，北京春雨天下软件有限公司（春雨医生）创始人兼CEO张锐先生，因突发心肌梗死，不幸于10月5日晚在北京去世，享年44岁。

2011年，张锐从网易副总编的岗位上离开，赶上了移动互联网的首波创业风潮。2011年7月，春雨医生正式上线，推出轻问诊服务并赢得首批用户。至2016年6月，春雨医生完成12亿元融资Pre-IPO环节，2015年线上问诊业务实际收入1.3亿元，盈利3 000万元，计划分拆打包上市，但在A股并购或新三板上市两大方案上尚在踟蹰。

创业者需要自身减压，懂得关爱自己的生命与健康。优米网创始人王利芬在2016年10月6日晚间发布的悼念张锐的文章中提到：“**各位想创业的朋友，想清楚了，你究竟要不要创业？这是一条真的难走的路**，它剥夺了太多的原本应有生活的美好时刻，特别是那些融资金额高、看起来估值高的公司的创始人，其内心的焦虑只有他们发绿的脸色、身体包藏着的各种疾病能丈量。"这一切都告诉我们创业选择须谨慎！

资料来源：http://news.163.com/16/1007/20/C2Q6UDC70001124J.html。

2.5 你是一个合格的创业者吗

以上内容可以简化为：
合格创业者 = 特质 × 能力 + 动机
创业成功 = 成功创业者 + 把握机遇 + 勤奋努力

创业者合格测试

1. 哪一种投资对你较有吸引力?
   (a) 定期存款中有 10% 的固定利润
   (b) 在一段时间内,不低于 5% 或高于 10% 的利润。因经济环境,如利率及股市变化而异

2. 哪一种工作对你较具吸引力?
   (a) 每周工作低于 40 小时,每年固定加薪 6%
   (b) 每周工作超过 50 小时,第 1 年年底就加薪 10% ~ 15%

3. 你较喜欢哪一种商业形态?
   (a) 独资经营　(b) 合伙组织　(c) 合作组织

4. 有三个待遇、福利等都不错的工作供你选择时,你会接受:
   (a) 大企业,但是你的权限与职责都稍低
   (b) 中型公司,稍有名气,能拥有部分程度的权限与责任
   (c) 小公司,但能赋予相当大的权限与责任

5. 当你拥有一家公司时,对于公司的各种营运,包括内部行政管理、广告销售、薪资给付等,你希望参与到何种程度才会满意?
   (a) 将大部分的权力释放出去
   (b) 将一部分的权力释放出去
   (c) 对各部门的营运事项大权均掌握于手中

6. 进行工作计划时碰上了小的阻碍。你会:
   (a) 立即请求别人给予帮忙
   (b) 先经过一阵思考之后,选定几种可能的解决方法,然后请求上司
   (c) 自己努力寻求解决的办法,直到克服为止

7. 多年来你的公司一直沿用一套销售制度,使公司每年维持 10% 的成长率。这套制度还算成功。你在其他地方用了另一套制度,你发现每年会有 10% ~ 15% 的成长率,且此套制度对你和公司双方都有利,但你的方法需要投入若干时间和资金。你会:
   (a) 为避免风险,仍沿用老方法
   (b) 私下就采用新方法,然后等着看结果
   (c) 建议采用新方法,同时展示已有的好结果

8. 当你建议上司采用你的新方法时,而他却说,"不要自作主张",你会:
   (a) 放弃你的方法
   (b) 过一阵子再向上司游说
   (c) 直接跟公司总经理或董事长建议
   (d) 直接用自己的方法做了

9. 你是否参加新公司的开发计划?
   (a) 未曾　(b) 偶尔　(c) 经常

10. 在你打算为员工进行训练时,你如何着手?
    (a) 委托顾问人员,由专家设计课程内容,并亲自训练指导
    (b) 根据自己的经验和意思,安排课程内容,并亲自训练指导

11. 以下 3 种,哪一种对你而言最有成就感?

(a) 是公司的最高薪者

(b) 在你的专业领域得到较高的荣誉

(c) 成为公司的总裁

12. 以下哪几个部门的工作，最能吸引你（选两个）：

(a) 营销部门　　　(b) 行政部门

(c) 财务部门　　　(d) 培训部门

(e) 管理部门　　　(f) 顾客服务部

(g) 征信及收款部

13. 当所从事的业务工作有三种薪资与佣金的选择机会时，你希望的薪资计算方式是：

(a) 完全薪水制　(b) 底薪加佣金制　(c) 完全佣金制

14. 当你正准备要出门度假时，接到一位非常有希望成交的大客户，但是必须牺牲假期，你会做何抉择：

(a) 请求这位客户再宽延一段时间　(b) 取消或延后度假

15. 小时候，是否玩过较具危险性的游戏？

(a) 否　(b) 是

16. 你喜欢什么样的工作步调？

(a) 一次做一件，直到完成为止

(b) 一次同时做几件工作

17. 你希望你每周的工作时数是：

(a) 35 小时　　　(b) 40 小时　　　(c) 45 小时

(d) 50 小时　　　(e) 60 小时以上

18. 你现在每周的工作时数是：

(a) 35 小时　　　(b) 40 小时　　　(c) 45 小时

(d) 50 小时　　　(e) 60 小时以上

19. 你正准备去打一个推销电话，你现在的心境是：

(a) 运气好的话，你可能会成功

(b) 你有可能完成这项交易

(c) 觉得非常有希望完成这笔交易

20. 当你遭遇到工作上的危机时，你会如何形容自己目前的精神状态？

(a) 以平常心看待，一切在掌握之中

(b) 虽已掌握局面，但仍有些焦躁

(c) 确实受到相当程度的影响

计算分数

1. (a) = 2　　(b) = 6
2. (a) = 3　　(b) = 10
3. (a) = 7　　(b) = 5　　(c) = 3
4. (a) = 1　　(b) = 2　　(c) = 3
5. (a) = 1　　(b) = 3　　(c) = 5
6. (a) = 1　　(b) = 5　　(c) = 7
7. (a) = 1　　(b) = 4　　(c) = 5
8. (a) = 1　　(b) = 5　　(c) = 8　　(d) = 10
9. (a) = 1　　(b) = 5　　(c) = 10

10. (a) = 1　(b) = 3
11. (a) = 2　(b) = 5　(c) = 8
12. (a) = 10　(b) = 1　(c) = 3　(d) = 3　(e) = 2　(f) = 5　(g) = 8
13. (a) = 1　(b) = 5　(c) = 10
14. (a) = 1　(b) = 5
15. (a) = 1　(b) = 8
16. (a) = 3　(b) = 6
17. (a) = 1　(b) = 3　(c) = 5　(d) = 8　(e) = 10
18. (a) = 1　(b) = 3　(c) = 5　(d) = 8　(e) = 10
19. (a) = 1　(b) = 3　(c) = 7
20. (a) = 5　(b) = 2　(c) = 7

结果

上班员工　33 ~ 36
加盟者　　61 ~ 142
创业者　　143 ~ 169

2.6 怎样应对创业决策陷阱

创业决策陷阱	表现特征	克服方法
创业动机不适配	创业动机冒进	调整好自己的心态,将自己的创业动机控制在合理范围内。理解大学生通过就业先学习行业经验也是一种非常合适的未来创业路径。
	创业动机不强	理解创业对经济增长和就业的意义;想清楚创业是不是自己真实想做的事情,如果不是,不建议进行创业。
创业能力不适配	对自身能力估计过高	可以考虑与一些正在创业的朋友交流,帮助自己充分认识创业路上的困难,判断自身创业能力和创业资源是否达到创业过程的要求;加强创业失败学习,帮助自己提高创业能力。
创业终止不及时	没有及时放弃创业	明白创业是一个过程性事件,必须有一个出口,要提前想好创业止损点,在面对危机时能当机立断果断终止创业。创业终止最大的难度在于心理和思想,面对创业挫折,需要做好心理疏导,不要有心理负担。

1 创业认识陷阱
2 创业决策陷阱
3 创业情境陷阱
4 创业方法陷阱
5 创业机会陷阱
6 创业计划陷阱
7 商业模式陷阱
8 创业团队陷阱
9 创业融资陷阱
10 创业法律陷阱
11 企业成长陷阱
12 社会创业陷阱

第3章　创业情境

学习地图

- "互联网+"带来了什么
- 怎样分析中国的创业环境
- 中国都有哪些创业机会
- 怎样应对创业情境陷阱

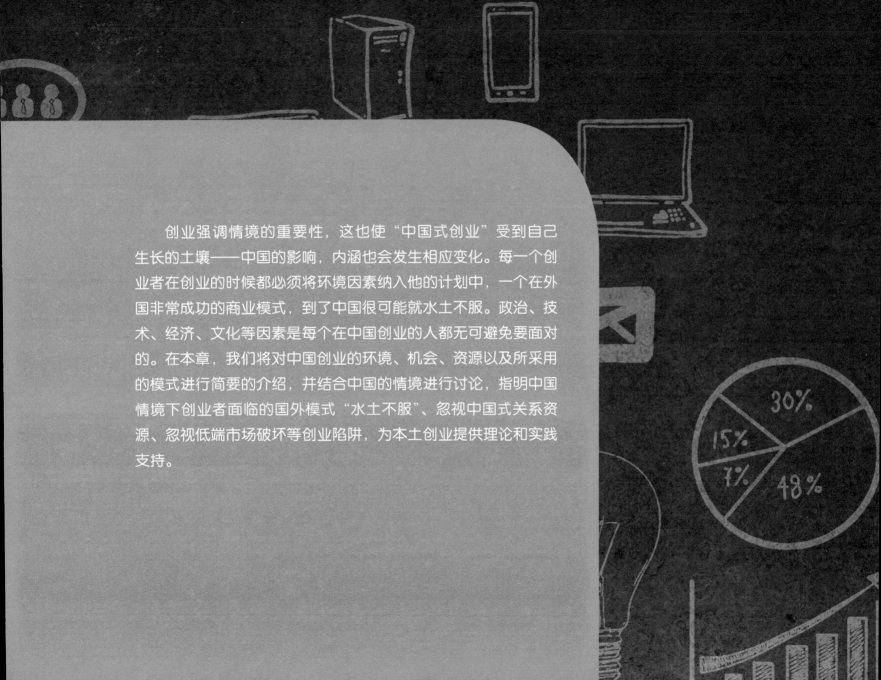

创业强调情境的重要性,这也使"中国式创业"受到自己生长的土壤——中国的影响,内涵也会发生相应变化。每一个创业者在创业的时候都必须将环境因素纳入他的计划中,一个在外国非常成功的商业模式,到了中国很可能就水土不服。政治、技术、经济、文化等因素是每个在中国创业的人都无可避免要面对的。在本章,我们将对中国创业的环境、机会、资源以及所采用的模式进行简要的介绍,并结合中国的情境进行讨论,指明中国情境下创业者面临的国外模式"水土不服"、忽视中国式关系资源、忽视低端市场破坏等创业陷阱,为本土创业提供理论和实践支持。

3.1 "互联网+"带来了什么

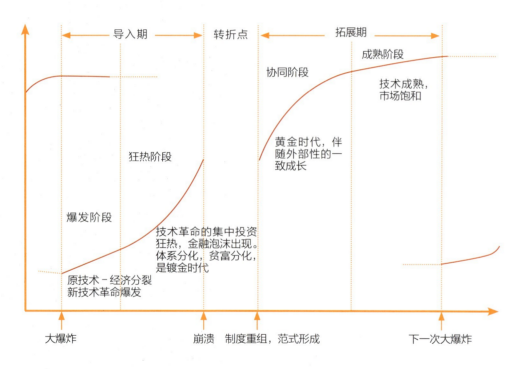

资料来源：卡萝塔·佩蕾丝.技术革命与金融资本[M].田方萌,等译.北京：中国人民大学出版社，2007.

"互联网+"是我们面临的创业环境之一。我们可以通过"技术－经济"范式来理解。

演化经济学家卡萝塔·佩蕾丝（Carlota Perez）以过去200年间的技术发展巨浪为研究对象，发现历次技术发展巨浪都有与之相对应的技术－经济范式，提出了技术－经济范式的四阶段论，即爆发阶段、狂热阶段、协同阶段和成熟阶段，并深刻揭示出历次技术发展巨浪背后所隐藏的经济发展内在规律和稳定路径。

技术－经济范式本质上是指在一定社会发展阶段的主导技术结构以及由此决定的经济和社会制度框架。

"互联网+"技术–经济范式

	第一次技术革命	第二次技术革命	第三次技术革命
时 间	18 世纪 60 年代	19 世纪 70 年代	20 世纪 60 年代
标 志	蒸汽机	电力	信息技术

三次技术产业革命在时间上都是 100 年左右。按照技术–经济范式分析，全球信息技术革命目前刚走完了"导入期"，正处于"转折点"向"拓展期"的过渡。导入期是信息技术革命在本产业发生；拓展期是信息技术革命超越本产业向其他产业的扩张，也就是"互联网+"。

"互联网+"，是指"互联网+各个传统行业"，但这并不是简单的两者相加，而是利用信息通信技术以及互联网平台，让互联网与传统行业进行深度融合，创造新的发展生态。它代表一种新的社会形态，即充分发挥互联网在社会资源配置中的优化和集成作用，将互联网的创新成果深度融合于经济和社会的各领域中，提升全社会的创新力和生产力，形成更广泛的以互联网为基础设施和实现工具的经济发展新形态。——2015 年 7 月 4 日，国务院印发《国务院关于积极推进"互联网+"行动的指导意见》

从互联网到"互联网+"

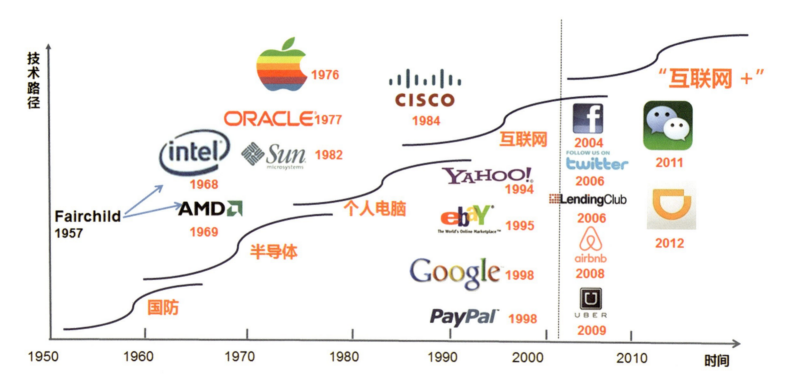

从上图硅谷的产业变迁也可以看出,当前全球也处于一个"互联网+"时代。中国很多大企业也是在这个时代产生的。

全球"互联网+"时代

■ 美国股市 2016 年 8 月 1 日收盘,电商巨头亚马逊的市值首次超过老牌石油公司埃克森美孚,与苹果、谷歌母公司 Alphabet 和微软三家科技企业一起位列美国股市市值排行榜前四。

■ 2016 年,中国 13 亿多人口、7.31 亿网民,创造了 8 000 亿网络产值。SaaS(软件即服务)、无人驾驶、物联网、新能源汽车、大数据与云计算、科技金融、VR 等技术发展前沿带来了巨大商机。

3.2 怎样分析中国的创业环境

如何分析我国的创业环境

分析创业环境的方法

- ✓ **宏观分析：** PEST 分析法（*political* 政治 + *economic* 经济 + *social* 社会 + *technological* 技术）

- ✓ **行业分析：** 波特五力模型（*新进入者的威胁 + 现有竞争者之间的竞争 + 替代品的威胁 + 买方的议价能力 + 供应商的议价能力*）

- ✓ **微观分析：** SWOT 分析方法（*strengths* 优势，*weaknesses* 劣势，*opportunities* 机会，*threats* 威胁）

本书主要分析中国创业的宏观环境

PEST
SWOT
Porter's Five Forces

中国创业的政治环境

创业者都应该了解身处的环境，PEST 就是有效的方法。政治环境是创立企业必须重视对的首要问题。

如何评价我国的政治环境？

世界银行发布的《2016 年全球营商环境报告》显示，中国内地的营商便利度在 189 个列入统计的经济体中居第 84 位。大量的行政审批、行政管制仍是制约市场活力的重要障碍。但中国政局稳定，国家鼓励"双创"也直接提高了中国人的创业活跃程度。

✓ **政府政策**

- 2015 年，国务院发布《关于大力推进大众创业万众创新若干政策措施的意见》，提出一系列扶持创业政策，带来巨大的政策红利。

✓ **赋税水平**

- 按照 IMF 统计口径测算，2014 年、2015 年中国宏观税负分别为 30.5%、30.1%，总体来看中国宏观税负低于世界平均水平（38.8%）。

✓ **社会稳定**

- 中国政局稳定、社会和谐，对创业来说是最大的红利。

中国创业的经济环境

如何评价我国的经济环境？

✓ 经济新常态

- GDP 增速放缓，经济增长速度从 2012 年开始结束近 20 年 10% 的高速增长，转而进入增速换档期，面临中等收入陷阱。

✓ 金融支持

- 根据搜狐 2015 年中国青年创业现状调查报告显示，从创业初始资金的构成来看，自有资金作为首要来源的占 70.3%，他人（含家庭）资助作为首要来源的占 20.1%，这两项是创业初始资金的主要来源。金融支持不足仍然是创业难题。

- 从国际来看，风险投资（venture capital，VC）应该是创业企业的重要资金来源。截至 2016 年 2 月，全国共有 VC 机构 12 004 家，其中上海拥有 2 049 家，占比 17%，北京拥有 2 448 家，占比 20%，另外，广州和深圳分别占 2% 和 16%。

✓ 生活成本

- 经济学人智库发布的《全球生活成本调查 2016》报告显示，中国内地城市平均排名上升了 13 位，其中上海的排名跃升 13 位，与东京并列为全球生活成本第 11 位的城市。房价是助推生活成本上涨的一个重要因素，也是影响大城市创业环境的重要因素。

创业聚焦：深圳逼走华为

- "高成本最终会摧毁竞争力。现在有了高铁、网络、高速公路，活力分布的时代已经形成了，但不会聚集在高成本的地方。"华为创始人任正非如此说。2012年，华为终端（东莞）有限公司注册成立，2015年就成为东莞营收和纳税第一大户。一旦华为退出深圳，龙岗区工业产值直接下降14.3%。从华为餐饮提供商大幅下滑的营业额可以看出，深圳华为公司的就餐人数在不断下降。

- 除了华为的半壁江山，富士康深圳总部已经停止招工，郭台铭在布局郑州、重庆、南宁、烟台等二三线城市，看来逃离深圳已经不是一家企业的动作。如果上市公司倾尽一年的利润都无法购买深圳的一套房子，那么选择留下还有什么意思？

- 2016年3月，深圳新建商品住宅价格环比上涨3.7%，同比上涨62.5%，涨幅连续第16个月居于全国首位。

- 据媒体报道，深圳部分片区和楼盘的价格在过去一年的涨幅超过100%。

资料来源：《深圳逼走华为，房地产逼走制造业》，搜狐公众平台。

中国创业的社会环境

如何评价我国的社会环境？

✓ 创业教育与培训

- 近年来创业教育逐渐受到高校的重视，各类创业课程相继开展，受教群体也在数量上不断增加，但还尚未达到创业课程"全覆盖"，尤其是学生参与程度有待提高。

刘志阳．众创空间[M].北京：社会科学文献出版社，2016.

✓ 创客空间

- 我国众创空间发展目前也迈入了新阶段，整体呈现加速发展的态势，数量急剧增多。截至 2016 年年底，中国已有众创空间 4 298 家，成为众创空间全球数量最多的国家。其中，科技部认定的国家级众创空间数量先后有三批，数量达到 1 337 家，占全国众创空间数量的 42.4%，增速分别达 167%、131%。我国众创空间发展与全国双创活动一样正迈入新阶段，与此同时运营模式也开始变得多样化。

中国创业的技术环境

如何评价我国的技术环境？

✓ **科研方面，"自然指数"排名第二**

- 自然指数（nature index）是指：各国在自然集团评选出的 68 种专业的一流国际杂志上发表论文的数量，衡量的是一个国家或一个单位的科研总产出。

- 在最新的 2017 年自然指数中，中国排名第二，仅在美国之后。不过，中国跟美国的差距比较大，美国为 17 200，中国为 6 500。

- 自然指数不能反映出另外一个问题：我国顶尖的科技成果较少。

✓ **研发转化比例低**

- R&D 支出占 GDP 的比重不高，2017 年为 2.1%。我国研究成果大多停留在高校和科研院所，没有被转化。

✓ **在专利方面，受理申请量连续五年世界排名第一**

- 2017 年，国家知识产权局共受理发明专利申请 133.9 万件，同比增长 21.5%，连续 6 年位居世界第一，共授权发明专利 40.4 万件。其中，国内发明专利授权 30.2 万件，比 2015 年增长了 3.9 万件，同比增长 14.5%。

3.3 中国都有哪些创业机会

👉 **对传统产业的"互联网+"改造是中国创业机会之一**

- "互联网+"将促进互联网之外的经济各部门的渗透、融合,从而改变整个经济的生产模式、产业业态和商业模式,提高经济的创新能力和生产效率。

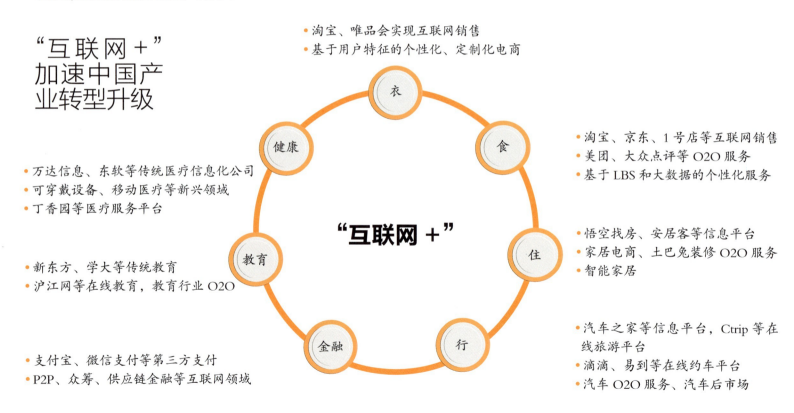

"互联网+"加速中国产业转型升级

- 淘宝、唯品会实现互联网销售
- 基于用户特征的个性化、定制化电商

- 淘宝、京东、1号店等互联网销售
- 美团、大众点评等O2O服务
- 基于LBS和大数据的个性化服务

- 悟空找房、安居客等信息平台
- 家居电商、土巴兔装修O2O服务
- 智能家居

- 汽车之家等信息平台,Ctrip等在线旅游平台
- 滴滴、易到等在线约车平台
- 汽车O2O服务、汽车后市场

- 支付宝、微信支付等第三方支付
- P2P、众筹、供应链金融等互联网领域

- 新东方、学大等传统教育
- 沪江网等在线教育,教育行业O2O

- 万达信息、东软等传统医疗信息化公司
- 可穿戴设备、移动医疗等新兴领域
- 丁香园等医疗服务平台

创业标杆：找钢网的"互联网+"大宗商品四部曲

- 2015年，钢材总交易量已超过3 200万吨，销售收入约180亿元，活跃买家6万个，合作钢厂90余家；2016年年初，完成11亿元E轮融资；胖猫物流、胖猫金融、胖猫工场……生态布局已开始，这就是中国最大的钢材零售平台——找钢网。
- 传统的钢铁渠道环节众多，高成本而低效率。2012年之后，钢铁业的产能过剩问题愈演愈烈，钢材难卖成普遍现象。从大趋势上看，提升卖钢效率显然是一个创业的风口。于是，王东、王常辉等人抓住契机，于2012年5月推出了找钢网。

一部曲　为小买家提供优质服务，成为行业订单的入口

- 钢厂和大代理商之间有着长期稳定的合作，双方是强关系，以找钢网薄弱的创业资金，贸然去撼动这种强关系显然是不明智的。30万钢铁零售商和中间商之间是弱关系，找钢网找到的切入点就是先汇集这批小买家，再以此吸引卖家进入平台。找钢网快速吸引大批钢铁零售商的办法是瞄准它们的核心刚需，解决它们找货难的问题。大规模信息的数据化处理正是电商的强项，找钢网开发的系统能处理上千个卖家信息的每日更新，它匹配符合买家需求的货物只需要几秒钟；找钢网还把13个购买环节简化为3个环节——提交需求、提交订单、付款，进一步提升了交易速度；零售商找到货之后议价能力很差，找钢网可以把零售商的小订单聚拢起来，去和钢厂议价。免费撮合交易使得找钢网成为行业订单流的入口，买方云集的平台自然会对销售困难的卖方产生强大吸引力。

二部曲　以海量订单吸引厂家和代理商，赚佣金而非博差价

- 传统大代理商与钢厂之间的合作是买断制销售，对代理商来说不容易做大规模。找钢网的"保价代销"模式只赚少量佣金，但不承担价格风险，这样找钢网就敢做大销售规模，只要找钢网的融资能力没有上限，它的销售规模也是没有上限的。因为"保价代销"消灭了囤货博差价的原始动机，找钢网的利益就与钢厂、零售商保持了一致，规模迅速做了起来。找钢网创始人王东说，B2B行业的效率极其低下，是个巨大的机会。但是，每一个细分领域，切中这个巨大的机会，都有一个关键点。就钢铁领域而言，这个关键点就是"保价代销"。找钢网的新商业模式之所以迅速得到各方认可，是因为它给交易链条上的多个环节带来了利益。因为找钢网的介入，钢厂和代理商等卖方得以快速清理库存；买方（零售商）可以快速找到低价钢材；找钢网自身也获得了卖方支付的佣金。此外，找钢网还让终端用户降低了大约两个点的成本。随着规模越来越大，从"钢厂——大代理商——中间商——零售商——终端用户"，到"钢厂——找钢网——零售商——终端用户"，找钢网对钢铁交易链条来说做了一次明显的优化。

三部曲 优化产业链，靠服务赚钱

- 传统钢铁零售商要做成一笔生意就很痛苦：它们既要面对钢铁贸易商，又要面对仓库、加工厂、车队，钱不凑手的时候还要去面对担保公司。现在，找钢网给它们提供了一揽子的服务：零售商只要在找钢网平台上买货，就有胖猫物流跟进去运货；然后还有仓储和加工服务；因为交易格式化、可监控，还有金融机构愿意跟找钢网一起给零售商提供金融服务。

四部曲 "找钢模式"的未来：反向定制与敏捷采销

- 找钢网已经开始做反向定制的小规模试验。比如，找钢网上有三四十家封头企业（封头是一种锅炉部件），它们每个月都需要两三千吨属性偏软的中板，但对板面整洁度等方面没有要求。找钢网就向一家小钢厂每个月下2 000多吨的订单，专门供给这些封头企业。虽然是反向定制，但钢厂的成本其实是下降了，找钢网还可以挤压钢厂的利润以增加自身利润，原先卖一张钢板的利润不到30元，现在可以赚50元。在找钢网精心开发的这笔生意中，交易环节是"钢厂——找钢网——终端用户"，交易和物流次数已经精简到非常理想的2次，这是大数据带来的效率提升。如果未来反向定制得以普及，钢铁业的整体效率将达到非常理想的状态。

总之，把握好"上游过剩，下游海量"的共性和行业自身的特性，是B2B电商的基本功课；减少交易和物流次数，大幅提升行业效率，是B2B电商的基本方向。

资料来源：改编自刘润.找钢网：给B2B电商破局[J].商业评论，2016（1）.

👉 人工智能是中国创业机会之一

从谷歌 AlphaGo 在围棋领域战胜人类选手后,人工智能开启了新一轮的发展热潮。2016 年被业界称为人工智能的新纪元,云计算、大数据这两大技术正在人工智能的发展过程中扮演越来越重要的角色。

云计算提供计算能力,起到了生产工具的角色;大数据提供数据基础,起到了生产资料的角色。

高盛首席经济学家 Jan Hatzius 表示,未来人工智能技术将会全面驱动生产力的提高,如同电力对各行各业的影响,机会巨大。

从应用角度看,李开复认为,未来 10 ~15 年人工智能将按照以下三个阶段发展:首先,人工智能会在数据化程度高的行业发生;其次,随着感知、传感器和机器人的发展,人工智能会延展到实体世界;最后,人工智能将穿透到个人场景。

医疗显然是人工智能可以发光发亮的热门领域之一。

人工智能类似的应用还可以推广到更多的场景中,比如金融、能源、交通,甚至是文艺创作等众多行业。

创业标杆：携程如何乘着大数据和智能化的翅膀飞翔

携程通过自身的大数据集合，去做整个旅游产业全链条业务。通过这一些业务，去积累包括用户数据、产品数据、商户数据在内的更多数据，利用这些数据，携程又可以实现对用户的深入了解和精细化运营。

基于服务品质的升级背后，携程又与智能化做了一些结合。比如，说用户的一些标准化问题，使用机器人来解决。

携程在旅游电商领域里拥有一个最大的数据集合，因为携程是有整个旅游产业全链条业务的。比如，机票、酒店、旅游度假产品，这些都是传统用户都要去预订的。在用车方面，又细分为专车、汽车票、自驾车，包括海外的专车，同时又去细分很多产品，比如用户出境之后的全球购，为用户做返税，可以给它带来很多收益。此外，携程还有一些消费信贷产品，用户可以通过携程做一些消费信贷，可以以后慢慢还，而且也会有比较长的一个免息期。像这些旅游产业链里的全链条携程都覆盖，这的确是携程一个非常大的优势。

携程是一个一站式的旅游解决方案提供商，通过这些业务，积累了大量的数据，包括用户数据、产品数据、商户数据，这些数据在整个互联网发展粗放的阶段，用户流量很多。不管怎么样只要放一个产品，用户流量就会进来，这个时候数据威力可能发挥不出来，大家可能没有那么在意要通过数据驱动做精细化的运营。但是这一个阶段过了之后，线上流量有很多的话，已经不是放一个产品流量就会来了，而流量会很贵，这个时候数据可以发挥非常大的作用。在数据里面怎么支撑做精细化的运营和智能化的产品推荐？在这些方面携程所拥有的数据将会发挥越来越大的作用。

那基于大数据，携程实现了哪些智能化运作呢？携程集团CTO甘泉指出："比如说，携程有一个小诗机，相当于给用户写诗，你拍一张照片我们写一首诗，小诗机会根据用户对景点的评论、描述写一首诗，这背后其实就是大数据支撑的。所以说在基于大数据，做各种智能系统，然后在前台我们做智能化。小诗机是我们做这样的一个大的项目中间的一个副产品，在节假日大家都发照片的时候，你其实可以给照片编一首诗。"

创业标杆：德勤财务机器人正式上岗

"我们预计到2025年，基础财务都会被机器人替代。"2017年9月在上海举行的一场分享沙龙上，德勤中国税务管理咨询合伙人、德勤智慧未来研究院机器人中心成员叶建锋，带来关于"德勤机器人引发的财务新变革"的主题分享。从视频中可以清晰地看到，"小勤人"几分钟就能完成财务人员几十分钟才能完成的基础工作，且可以7×24不间断工作！财务人员的工作地位岌岌可危！德勤认为，目前大部分的财务工作中，财务系统操作、内部控制、报告生成、执行记账等基础工作占到了极大比例，真正需要时间思考的分析决策工作则被挤压。通过机器人技术的实现，高技能和受过培训的财务人员可以根据自己的能力被重新定位。未来，机器人处理基础业务 + 人力员工审计/检查的人机交互和服务交付新模式将被广泛应用于企业。

财务机器人可以解决哪些问题？

（1）务流程中有高度重复的手工操作，耗费大量的人力和时间。

（2）跨岗位的实务操作协同处理，沟通成本高且效率低下。

（3）手工处理存在较高错率，且获取的金额数据准确性低。

（4）人工处理财务相关的事务，无法快速响应业务变化和拓展。

（5）受困于时间人力，某些合规和审计工作通过抽样的方式进行，无法达到百分之百全覆盖。

个性化生产是中国创业机会之一

- 从大规模生产转向个性化生产是适应消费者需求变化的应对方式，也是新的创业机会。
- 个性化生活方式逐步通过塑造个性品牌，可以转化为新的互联网渠道和传播方式，从而实现商业价值。

创业聚焦：尚品宅配开启 C2B 时代

工业时代以厂商为中心的 B2C 模式，正在逐步被信息时代以消费者为中心的 C2B 模式所取代，尚品宅配就是 C2B 典型。尚品宅配最早创立于 1994 年，其前身是一家软件公司的圆方软件，通过 10 年时间，圆方软件逐步打通了家具企业从销售端到生产端的全流程信息化。2004 年，李连柱看到了家具定制的蓝海，也看到了改变一个行业的可能。尚品宅配由此成立。

消费者可以通过尚品宅配新居网看到家具放到自己家里的实际效果，同时还可以预约设计师上门量房，从而让家具尺寸更加符合户型需求。在这样的基础上，尚品宅配还通过线下全国 600 家体验店的支持，在最大程度上满足顾客风格与样品体验的所有要求。以切实有效的营销机能和服务功能，通过线上＋线下、技术＋服务的双重保障，颠覆了传统的电子商务保守模式，解决了传统家居电商的营销问题，使大规模定制成为最主要特色。

通过一系列的系统和流程再造，尚品宅配的日产能力提高了 10 倍，交货周期从 30 天缩短到 10 天左右，同时也由于先下单、后生产而实现了零库存。如今，尚品宅配已有千余名员工，在全国有数百家连锁专卖店，同时拥有在线定制的活跃网站，年销售额也达到了数亿元。

创业标杆：江小白——中国白酒定制第一家

提及江小白，以往我们对它的了解来自其品牌独特的"语录"。不少消费者表示，第一次购买江小白是因为"语录"恰好打动了他们。但实际上，消费者在购买过程中是处于被动的选择地位。2016年，江小白酒业借"七夕"之势，在线上发布 H5 互动，用户可在活动页面写下想说的话，上传自己的照片，便可"定制"出属于自己的江小白"表达瓶"。更特别的是，如果你"定制"的表达瓶通过筛选，你将登上表达瓶，投入生产，你就成为这瓶江小白的"代言人"。在这个过程中，消费者从"被动选择"转换为"主动定制"语录，而江小白酒身的纸套也最大限度地发挥了作用。它不再局限于展示文字，还能展示你自己或是一种场景。江小白酒业把营销的话语权交给了粉丝，通过 H5 击穿虚拟与现实，鼓励粉丝"爱，就表白"，实力圈粉。

创业标杆：网红经济

网红经济是个性化生产的典型案例之一

艾媒咨询数据显示，网红关注者基本上是年轻人，31岁及以上的人群中只有4.3%关注网红。在性别方面，女性关注网红的人数远多于男性。艾媒咨询分析师认为，这与年轻人的猎奇心理以及女性热爱时尚和八卦的性格有关，直播平台可以迎合这群主要受众的心理进行直播内容的策划。

自媒体网红	话题型网红	淘女郎	主播类网红
Papi酱、艾克里里、呛口小辣椒、王尼玛……	凤姐、芙蓉姐姐、犀利哥、木子美、钱志君……	张大奕、雪梨、陈丹丹、赵大喜、樱萘……	Miss、沈曼、小智、五五开、若风、mini、七哥……

👉 低端市场破坏是中国创业机会之一

- 克里斯坦森（Christensen，2006）认为，破坏性创新是指企业偏离主流市场用户所重视的绩效属性，引入低端用户或新用户看重的绩效属性或属性组合的产品或服务，通过先占领低端市场或新市场，再逐渐破坏或取代现存主流市场的产品或服务的一类创新。破坏性创新技术的好处在于：简单、便捷、成本低，从而迎合低端用户的需求。破坏性创新并非简单意义上的技术革新，它实质上还是一种商业模式上的创新、用户价值实现方式上的创新。根据新产品对现有市场的侵蚀方式，克里斯坦森将破坏性创新分为低端破坏性创新和新市场破坏性创新。

- **低端破坏性创新**，是指基于原有的市场格局或主流的价值网络，不同于满足高端用户的需求而进行的产品或服务创新，创造出最基本的恰当的产品或服务来控制那些在位企业未及的细分市场。

- **新市场破坏性创新**，就是试图将"非消费"转化为一种现实消费行为，通过主动构建一个崭新的产品价值网络和属性维度，不断改进与完善针对"非消费"市场的产品性能，通过新市场的开辟达到与在位企业竞争的目的。

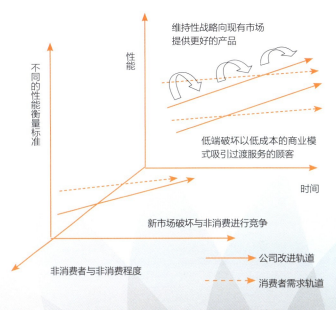

破坏性创新理论示意图：新市场破坏与低端破坏

资料来源：修改自 Carlile&Christensen（2005）。

创业标杆：国产手机的破坏性创新

目前，中国手机的中高端市场，都是由国际知名品牌所占领，如苹果和三星等，中国手机厂商希望从中高端市场突破重围，难度极大。反观中国城市的低端市场，由于其特定的购买力，给了中国手机厂商以低端破坏性创新的机会。

在一线城市和二线城市的高端手机市场上，因为老百姓的收入较高，消费能力比较强，并且对品牌的要求更为明显，所以苹果公司的iPhone系列、三星、HTC等知名品牌占据了智能手机的大部分市场份额。根据互联网消费中心调研显示，苹果系列手机的售价在4 000～7 000元，而其他国际品牌智能手机主流机型的市场售价在2 000～3 000元的居多，而且大部分都是通过水货渠道购买，国内行货价格远远高于此价格。这大大超出了普通二三线城市居民的购买能力，所以，很多国产手机厂商起初都是瞄准二三线低端市场。

诸如OPPO、VIVO等国产手机在核心技术上与国外大品牌有一定的距离，通过低端市场的渗入，逐渐改善自身产品的品质；通过快速低价的方式去应对国际品牌，在这场智能手机大战中不仅生存下来而且也逐步扩大了自身的市场份额。

创业陷阱：今夜酒店特价浮沉路

2011年9月，"今夜酒店特价"上线App Store，当天拿下"旅行类"排行榜第一，第三天便收获10万用户。这个号称晚上6点后在手机上卖特价房的应用，在诞生之初就获得了不少关注与支持。但是经历了携程的打压等，"今夜"自身的两大决策失误让局面更加危急，2014年今夜被京东收购。"今夜"的失误表现如下：首先是"每个城市只做10家精选酒店"的想法。"今夜"初期学习的是美国红极一时的Hotel Tonight（HT），HT在美国每个城市只做3家酒店。这种精品酒店模式可以确保每个酒店都能获得大量的订单，从而加强话语权。然而，这个想法忽略了中美环境上的两个重要差距。美国近80%都是品牌深入人心的连锁店，用户更容易感知到打折力度；而在中国，像如家和7天这样的连锁店不到20%，单体酒店居多，在消费者不熟悉的情况下，巨大的折扣力度反而会引起消费者的怀疑。最糟糕的是，在携程的凶猛打压下，2011年10月以后，"今夜"在每个城市只剩下三四家酒店可供用户选择。这个想法还忽略了交通工具上的差距。美国的汽车普及度高，在强大的价格因素刺激下，用户很容易就开着车去较远的地方住酒店，尤其在地域广阔的西部和中部地区；然而在中国，并非人人有车，即使有车，大城市的堵车现象也扼杀了多数用户去住低价酒店的冲动。显然，用户更在乎自己身边有什么熟悉的酒店，并且期望一个更多样化的比对范围。"今夜"的挫折告诉我们一味抄袭国外的成功模式在中国不一定行得通。

3.4 怎样应对创业情境陷阱

创业情境陷阱	表现特征	克服方法
对"互联网+"理解不深刻	认为"互联网+"只涉及信息技术行业，与其他行业没有关系	通过互联网+案例的学习，理解互联网不仅是新型营销渠道，也代表了平等、效率、跨界的新思维，是很多行业转型所需。
对中国创业环境不了解	认为中国消费水平仍然停留在低价时代	要充分理解消费升级带给中国创业环境的变化，引导产品升级和服务优化。
	忽视中国人口老龄化和二胎政策带来的商业环境变化	要全面理解人口代际变化带来的各种创业机会。建议多看看一些成熟国家的相关分析报告。
	对"双创"政策利好了解不全面	当前很多创业政策分散在人社、科技等部门，要全面搜集相关信息；企业注册之前可以借助第三方了解可能的税费优惠。
对人工智能的影响认识有偏差	始终认为人工智能并不能替代劳动力，只影响信息行业本身	要充分看到人工智能在高危行业、制造行业的应用可能，以及对于咨询、教育、服务等其他行业的全方位影响。
创业模式生搬硬套	创业时盲目照抄国外商业模式	仔细比对国内的消费环境与国外的模式是否相契合。很多时候问题出在创业者身上，我们没有去很好地理解中国消费者的真实需求。
	企业成长期条件不合适的情况下引入国外模式	援用国外模式的创新点时，要具体要考虑公司目前的发展现状，看看时间点是否适合，该模式所适用的条件企业是否都吻合。

1 创业认识陷阱　　7 商业模式陷阱
2 创业决策陷阱　　8 创业团队陷阱
3 创业情境陷阱　　9 创业融资陷阱
4 创业方法陷阱　10 创业法律陷阱
5 创业机会陷阱　　11 企业成长陷阱
6 创业计划陷阱　　12 社会创业陷阱

第4章 精益创业

学习地图

设计思维有几步 · 何为精益创业 · 怎样应对精益创业陷阱

很多人认为创业是没有方法的，多数情况下靠"勤奋 + 运气"，这种认识在"互联网 +"时代并不准确。事实上，很多创业者走的弯路就和他们没有掌握恰当的创业方法有关。通过本章的学习，你应该会有所领悟。本章首先带你了解与精益创业方法相关的思维设计五步法，随后介绍精益创业方法论兴起的时代背景；在此基础上讨论精益创业的基本框架、五项基本原则、适用范围等；最后阐述如何利用最小化可行产品（MVP）进行用户验证。

要记住，思维设计是一种思维方法，精益创业是将思维设计应用于创业过程，更侧重执行。

4.1 设计思维有几步

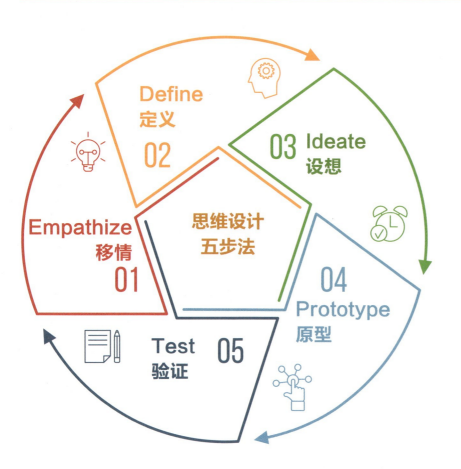

在介绍精益创业之前,我们先来了解一种与精益创业思维类似的设计思维(design thinking)

设计思维源于斯坦福大学设计学院的一门课程,是一个以人为本的解决问题的方法论。这种设计思维与创业方法拥有一些共同的思维模式和技能,如做中学、拥抱失败、拥抱限制性因素、不断迭代、探索未知、跨领域合作等思维模式,以及探索和发现问题、观察、移情、创意、机会识别、反思等能力,因此该思维方法逐渐被应用于创业领域。

有关更多资料,可访问:https://dschool.stanford.edu/groups/designresources/wiki/36873/Design_Process_MiniGuide.html。

第一步：移情

"移情"步骤要注意三点

01 观察（Observe）
不只观察用户行为，还要站在用户的角度观察；不仅知道用户做得了什么、怎么做，还要知道用户这样做的原因和目的。

02 吸引（Engage）
与用户交谈，做调查，设计问卷，甚至不要以设计师或研究者的身份去跟用户"邂逅"，尽可能地了解用户的真实想法。

03 沉浸（Immerse）
体验用户所体验的。

移情的意思，近似于体验、体谅、体察三者的综合体，也就是以使用者为中心的设计，通过多元的方式了解使用者（包含访问、田野调查、体验、问卷等），协助设计师从使用者的角度出发，寻找使用者真正的问题、需求。

第二步：定义

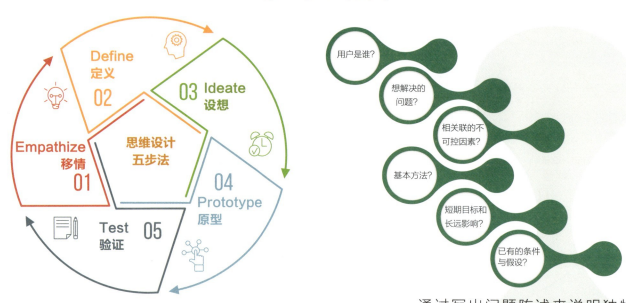

定义是将"移情"步骤中搜集的众多资讯，经过"架构""删去""深挖""组合"后（可交互使用），对问题重新做更深入的定义，就像测探水平面下的冰山，更进一步找出使用者的真正需求，并用简短的一句话定义使用者的需求。

通过写出问题陈述来说明独特的关注点（point of view，POV）。POV类似于一个企业的使命，需要考虑很多因素，比如我们的客户是谁？想解决什么问题？对于想解决的问题有哪些已有的假设？有什么相关联的不可控因素？想要的短期目标和长远影响是什么？基本方法是什么？总的来说，Define就是定义出自己的立足点，让人清楚地知道你想干什么。

第三步：设想

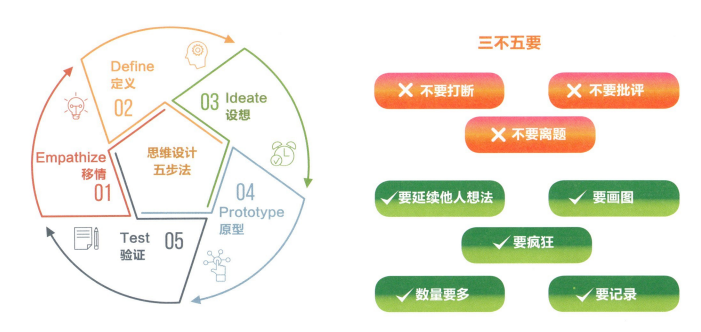

设想的过程，就是要通过类似于头脑风暴的方法得到众多的方案，以解决"定义"的步骤中所找出的问题。

设想的过程以"三不五要"为原则，激发出大脑中无限的创意点子，并通过不同的投票标准找出真正适合的解决方案。

第四步：原型

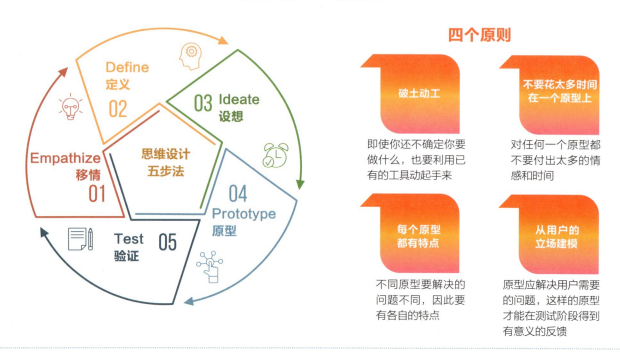

在设计流程之中，采用**原型**之意，通过一个具体的呈现方法，可以将它作为团队内部或是与使用者沟通的工具，并可以通过做的过程让思考更加明确，是一个动手思考的过程。此外，可以由简略的草图呈现，进一步不断修整，进而达到更完美的效果。在本阶段的产出结果，会作为测试之用。

第五步：验证

履行三点

将原型交给用户，让他们去体验，不要过多地解释和介绍，然后听听他们的反馈。

用户体验—反馈的模式优于设计者解释—用户评估的模式。

让用户比较几个原型，这种比较通常可以有助于发现用户的潜在需求。

> **验证**是利用前一个阶段制作出的原型与使用者进行沟通，通过情景模拟，让使用者可以测试是否适用，并从中观察使用者的使用状况、回应等，通过使用者的反馈，重新定义需求或是改进我们的解决方案，并更加深入地了解我们的使用者。

4.2 何为精益创业

在简单介绍了思维设计五步法后,我们正式讨论精益创业这一重要内容。

精益创业(lean startup)这个概念,由硅谷创业家埃里克·莱斯(Eric Rise)于2012年在他的著作《精益创业》一书中提出。但其核心思想深受硅谷创业教父史蒂夫·布兰克(Steve Blank)《四步创业法》一书中有关"客户开发"方式的影响,史蒂夫·布兰克也为精益创业提供了很多精彩的指点和案例。

精益创业的核心思想是,先在市场中投入一个极简的原型产品,然后通过不断的学习和有价值的客户反馈,对产品进行快速迭代优化,以期适应市场。它的理念可以追溯到软件行业的敏捷开发管理,精益创业可以理解为敏捷开发模式的一种延续。

新创企业与大企业两者之间的真正区别在于商业模式是否已知,大企业已有被验证了的商业模式,而新创企业没有。大企业执行已知或已经确认的商业模式,更多的是在运营和执行的层面,而新创企业则是探索未知的商业模式。

精益创业的两个阶段

精益创业的"四步创业法"(见右图)。它打破了企业初期所有和客户相关的活动,形成了一个完全独立的流程,在这个流程中,前两个步骤描述的是商业模式的"调查"阶段,后两个步骤描述的是经过开发、测试和验证之后的商业模式"执行"阶段。具体步骤如下:

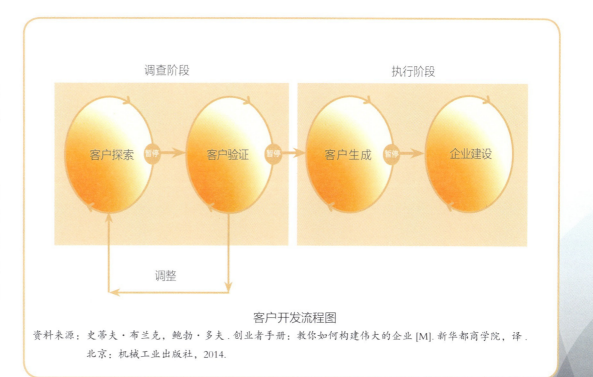

客户开发流程图

资料来源:史蒂夫·布兰克,鲍勃·多夫.创业者手册:教你如何构建伟大的企业[M].新华都商学院,译.北京:机械工业出版社,2014.

精益创业的四步法

当产品的价值主张和商业模式尚未得到验证的时候，切忌投入营销资源，强行拉动客户增长，这种做法是自杀行为。只有当产品的价值主张和商业模式被验证成功以后，才能逐渐投入营销资源，导入一批测量效果进行反馈改进，如此循环迭代，总结和积累"经过证实的认知"。

第一阶段：调查阶段 验证产品的价值主张和商业模式是否成立，不需要成立公司。把创始人的愿景转变成一系列商业模式假设，开发一套测试客户反应的方案。客户开发和客户互动是精益创业的起点，通过这种方法探索客户痛点，并定义客户痛点和解决方案。

第一步：发现客户 进行客户市场细分，寻找天使客户，通过和客户访谈，确定产品方向。

定义基本假设：客户痛点假设和解决方案假设。

停止推销，开始倾听：在探索阶段，倾听的技巧非常关键，观察、访谈、倾听客户，不能急于推销解决方案，在很长一段时间内应该对推出自己的解决方案保持克制。

不断探索，积累认知：不断探索和迭代，把认知逼近真实痛点。

第二步：客户验证 开发 MVP 产品，验证假设。如果不成功，那么轴转到第一步。

验证基本假设：客户痛点假设和解决方案假设。

验证商业模式：是否可重复、可规模化。

找早期支持者：与天使客户之间进行大量的互动。如果没有客户，就轴转到第一步。

商业模式得到验证的标志：成单，即 MVP 产品有人买单。

轴转（pivot）是客户开发的核心反馈机制，通过循环往复，我们不断获取和更新对产品和市场的认知，免除危机。

轴转的关键在于快速、敏捷、把握时机。

很多初创企业的失败不是因为商业模式或者产品有问题，而是因为等不到最终能够完成商业模式验证的那一天。所以轴转的过程必须敏捷和快速，速度越快，对现金流的需求就越小。

第二阶段：执行阶段 包括客户创造和公司创建两个步骤。这些内容是传统管理教育的重点部分。

第三步：客户生成 投入营销资源，开拓客户渠道。

第四步：企业创建 成立公司，建立组织架构。精益产品迭代过程应用于创业执行阶段：强化产品的价值主张，树立竞争门槛，拓展客户。

精益创业的五个原则

客户导向原则
精益创业的核心是围绕客户，所有的认知、所有的迭代都是围绕客户而展开。而火箭发射式创业则是自我导向——从初创企业或者创始人本身导入创业过程。

行动原则
行先于知，而不是用知来引导行，从计划导向转为行动导向。

试错原则
从完美预测转向科学试错。接下来要提到的MVP，就是试错过程中一个非常重要的工具。

聚焦原则
初创企业最好首先聚焦在最关键的天使客户上。

迭代原则
从火箭发射式创业中的完美计划、完美执行，转换到精益创业的高速迭代。迭代和速度都是非常关键的。

精益创业是从行动开始，是行动导向而非计划导向，用科学试错的方式来获取认知，由行而知，完成学习的第一循环。同时，将所收获的认知转向行动，由知而行，完成学习的第二循环。再不断地重复这个过程，最终形成认知的不断更迭与行动的不断调整，这是精益创业在思维上的一个基本模式。

创业聚焦：美剧的精益创业思维

看过美剧的读者一定都知道，美剧往往都会先拍摄一部几十分钟的先导片，交代主要的人物关系、矛盾冲突、故事背景，然后邀请几十位观众参加小规模试映会，再根据观众的反馈来决定剧情将要进行哪些修改，是否需要调整演员，以及决定是否投拍等。在每一季结束时，制作方又会根据收视率和观众意见，决定是砍掉该剧还是订购新一季的内容。这种周拍季播的模式，把所有的决策权都交给观众，让制作方的投资以及失败成本降到了最低，是一种典型的精益创业方式。

以此为例，我们可以总结出精益创业的适用范围是 ✓

精益创业适合客户需求变化快但开发难度不高的领域，比如软件、电影电视、金融服务等。在国内，大众点评网等就是采用这种小步试错的方式进行开发的，一些传统企业诸如中信银行信用卡中心利用精益创业进行信用卡产品及客户服务的创新，并把这三大法宝固化到项目管理机制中。

而精益创业的不适用范围是 ✕

由于精益创业需要经常进行客户验证，因此对一些客户验证成本较高或技术实现难度较大的工作来说并不适合。比如，大型赛事，服务的客户是全体运动员，但想要获得他们的频繁反馈是比较困难的。又比如，航天工程，客户需求是比较明确、清晰的，主要难点在于飞行器的技术实现和对接控制。

最小化可行产品

在精益创业四阶段中，我们可以看到第二阶段客户验证需要开发 MVP 产品。MVP 即最小化可行产品（minimum viable product），是精益创业的核心思想。一个最小化可行产品有助于创业者尽早开启学习认知的历程。它并一定是想象中的最小型产品；它是用最快的方式，以最少的精力完成"开发—测量—认知"的反馈循环。最小化可行产品的目的则是开启学习认知的流程，而不是结束这个流程。与原型或概念测试不同的是，最小化可行产品并非用于回答产品设计或技术方面的问题，而是以验证基本的商业假设为目标。

设计 MVP 一般要确定两件事，第一件是确定天使客户，第二件是确定最核心功能集。

创业聚焦：微信与 MVP

读者十分熟悉的、平时都在使用的微信，也是从 MVP 一步一步改进而来的。微信 1.0 版是一个非常经典的 MVP。当时微信针对的是传统运营商的短信费用很贵，且短信群发不容易这一痛点，而推出只有免费短信和短信群发功能的 1.0 版。在 2.0 版中，微信才加入了照片分享功能。之后，微信才逐渐加入了摇一摇、语音、录音以及其他一些功能。

改革开放其实也是一个伟大的 MVP，我们回溯历史，如此规模宏大的改革开放事实上就是从深圳的一个小岛蛇口开始的——在蛇口进行了客户探索和验证，继而放大商业模式，最终进行商业模式的执行。

确定天使客户和确定最核心功能集的过程可以分为三步：

01 设计 MVP，即针对天使客户设计一个最小的产品集合。

02 将 MVP 投入使用，进行测度与数据收集，并将数据和预设的指标进行比较。

03 从中获取认知，学习和迭代，用最快的速度获取认知，放弃一切无助于认知的功能。

精益创业开发——测量——认知反馈循环

资料来源：埃里克·莱斯. 精益创业 [M]. 吴彤，译. 北京：中信出版社，2012.

在用 MVP 验证基本假设的过程中，关键点之一就是速度，用最快的速度获取认知，同时放弃一切无助于认知的功能。换句话说，MVP 要求在客户上聚焦于天使客户，在产品功能上也聚焦于最小级别的产品功能，这是 MVP 的核心。

4.3 怎样应对精益创业陷阱

精益创业陷阱	表现特征	克服方法
认为创业不需要方法	创业过程更重要的是运气和勤奋	要明白现在创业不再是盲人摸象，竞争比以往任何时候更激烈，为了减少错误，我们需要正确的方法。
认为创业需要完美方案才可付诸行动	总想等有了完整的项目计划以后再创建项目	创业也是个尝试的过程。学习精益创业思想，可以帮助我们通过开发最小化产品原型，来验证天使客户的想法，以此进行产品探索和顾客反馈。要理解行动比完美的计划更加重要。
认为创业就是强调快速行动	产品未进行充分市场调研就大规模投放市场	参考很多创业失败案例，可以帮助创业者明白匆忙的行动往往后果惨烈。
认为创业成功就是坚持到底	即使客户反馈不好，也不能充分认识，固执认为产品还没有找到合适的消费群体，未能及时做好产品的更新和项目转型	要根据用户反馈和市场需要不断地更新技术产品。首先要具体分析问题出现在精益创业过程中的哪一步，是"最小可行产品"确定的问题还是"客户反馈"不及时的问题还是快速迭代困难的问题。找准问题出现的具体点，采取解决措施。

创业陷阱：为什么具有精益创业意识，还是做不好产品

首先，确定"最小可行产品"确定不易。用该思想做产品规划，准备大刀阔斧地筛选功能，但真正讨论的时候发现每个功能都很重要，根本无法割舍，即使只想把一个功能做到位，也需要大量研发时间。**其次，"用户反馈"很难及时。**研发部门处在企业内部的相对后端，用户需求经多个环节才转到技术人员手中，开发功能后再拿给用户反馈，再经历巨大的信息折损和时间浪费，早已跟不上用户需求的更新。**最后，流程化管控等诸多企业因素，使得快速更迭成为企业面临的最大困难。**综上所述，三个核心思想应用于具体情境时，会出现与事实相对矛盾的情况。在操作中，需要注意什么？

（1）追求"最小可行产品"，可每个功能都重要，怎么办？针对这个问题，我们可以采用逆向思维，先想哪些功能是可以砍掉的。如果把这些都砍掉，剩下的功能就是MVP。

（2）客户反馈周期过长，怎么办？最好的解决办法是：直连。这种思想的本质是用"运营思维"建立与用户沟通的直连渠道，触达企业用户。这里指的"用户"并非"客户"。客户是指"签合同"的交易方，"用户"是"真正用产品的人"，企业应想方设法拿到关于"用户"的第一手信息。

（3）"快速迭代"面临困难及解决方式。这是绝大多数企业面临的最大问题，快速迭代在企业中的阻碍因素：项目化运作＋管控化流程＋职能化团队。基于此，建议大家在采用精益创业方法时，首先对企业本身有一个初期判断，做项目还是产品，选择适合的方法去开发，匹配行动和产出结果。假设是软件外包开发公司，以客户为导向、以项目为节点，不建议进行精益创业。但若是to C产品或有to B业务的企业，有确定可控的权利及预期愿景，就可用产品的方法来进行思考设计。同时产品和项目也可以相辅相成，要想将已有项目产品化，可按产品方法梳理：定义边界，划分子产品，每个子产品组建独立的团队独立运作。子产品内也可以有攻坚型项目，配套于子产品下开发。

1　创业认识陷阱
2　创业决策陷阱
3　创业情境陷阱
4　创业方法陷阱
5　**创业机会陷阱**
6　创业计划陷阱
7　商业模式陷阱
8　创业团队陷阱
9　创业融资陷阱
10　创业法律陷阱
11　企业成长陷阱
12　社会创业陷阱

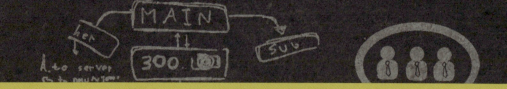

第5章 创业机会

学习地图

创业机会有哪些特征 · 创业机会是如何产生的 · 创意如何产生 · 机会如何识别 · 机会如何筛选 · 机会如何测试 · 怎样应对机会陷阱

创业是从机会分析开始的，是创业者在面对大量的不确定性因素时分析、评估机会并进行有选择的投资决策的行动。但是，创意并不等于创业机会。创业机会区别于创意的特点是：必须具有实现的可能性。好的商业机会需要满足一定条件，如能吸引客户、在机会窗口存在期间被实施等，因此创业者必须首先发现创业机会，然后进行创业机会开发。创业机会开发包括创业机会来源分析、创业机会筛选这些过程。本章着重讨论了创业机会识别的过程和影响因素，提出了识别创业机会的两大类方法。创业机会筛选是创业机会研究的最后一步。机会筛选应用最广泛也是最权威的当属蒂蒙斯提出的全面的机会筛选框架，创业者可以利用这个体系框架对行业与市场、经济因素、实现回报的条件、竞争优势、管理团队、致命缺陷问题、创业者的个人标准等方面做出判断，以评价一个创业企业的投资价值和机会。接下来，本章还将探讨蒂蒙斯评价框架在中国的具体运用，以此构成创业机会理论的完整框架。

创业标杆：Levi's 的由来

牛仔裤的发明人是美国的李维·斯特劳斯（Levi Strauss）。1853年，他跟着一大批人去西部淘金，途中一条大河拦住了去路，许多人感到愤怒，但斯特劳斯却说"棒极了！"他设法租了一条船给想过河的人摆渡，结果赚了不少钱。不久，摆渡的生意被人抢走了，斯特劳斯又说"棒极了！"因为采矿出汗很多，饮用水很紧张，于是，别人采矿他卖水，又赚了不少钱。

后来，卖水的生意又被抢走了，斯特劳斯又说"棒极了！"因为采矿时工人跪在地上，裤子的膝盖部分特别容易磨破，而矿区里却有许多被人抛弃的帆布帐篷，斯特劳斯就把这些旧帐篷收集起来洗干净，做成裤子卖给工人，结果销量很好。大家都将这种"牛仔裤"称为李维斯（Levi's）。

成功学的解释

牛仔裤的发明人将问题当成机会，最终实现了致富梦想，得益于他有一种乐观、开朗的积极心态。

著名成功学大师拿破仑·希尔（Napoleon Hill）说，"一切成功，一切财富，始于意念"。

想创业的朋友，如果你暂时还没发现或抓住机会，你就不要怨天怨地怨别人，先想一想自己的态度是否积极？思想观念、思维方式是否正确？

但创业学不等于成功学。

创业学的解释

A 为什么是牛仔裤的发明人而不是别人产生了新产品的创意？

这些人能够更好地获取信息——信息能够帮助形成新的创意。

哪些因素影响信息获取：知识？创业警觉？家庭？

B 如何把创意转化为创业机会？

这些人能够更好地开发信息——促使创意变成创业机会。

5.1 创业机会有哪些特征

那么，究竟何为创业机会？

所谓创业机会（或创业商机），是指有吸引力的、较为持久的和及时的一种商务活动的空间，是一种满足未满足的有效需求的可能性。它最终表现在能够为消费者或客户创造价值或增加价值的产品或服务之中。

奥地利经济学派认为，创业机会与商业机会的根本区别在于利润或价值创造潜力的差异，创业机会具有创造超额经济利润的潜力，而商业机会只可能改善现有利润水平。

创意又是如何转变为创业机会的呢？

信息 → 创意 → 潜在机会 → 实际机会

创意：新的想法、新的意图

潜在机会：对新的潜在有用并能产生经济价值的创意进行识别

机会特征

创业机会有四个基本特征，在分析一个创意是不是创业机会的时候，可以从以下四个方面分别进行分析：

A 有吸引力　它必须代表一种客户渴望的未来状态。所以，首先是创意，但创意不等于创业机会。

B 可利用性　依附于为买者或终端客户创造或增加价值的产品、服务或业务，必须解决客户的"痛点"。

C 及时性　机会是现时消费者的需求。

D 持久性　它必须处在一个持续放大的机会窗口下。

机会窗口

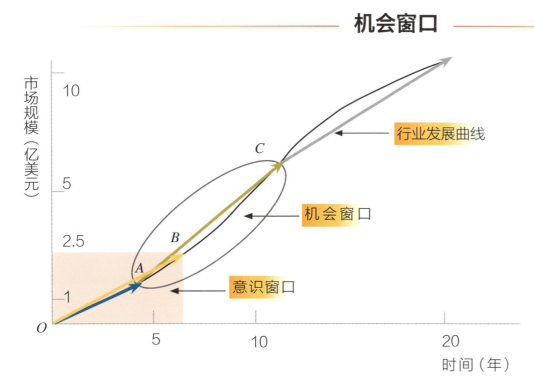

每个行业都有特定的机会窗口期。好的创业者应该选择合适的窗口期进入市场（如图中 A 点到 C 点的部分），在 O 点到 A 点的部分进入往往意味着企业要花费大量的时间和成本培育机会，在 C 点以后进入往往意味着残酷的市场竞争。

从 O 点到 A 点的第一个 5 年是这个行业的酝酿期。

从 A 点到 C 点的第二个 5 年则是这个行业的机会窗口期。

而 C 点后，市场已经成熟，机会窗口就开始关闭了。

从 O 点到 B 点之间的这段时期内，一般人意识不到这就是一个非常不错的市场机会。

创业聚焦：黑暗餐厅

2003年，清华大学学生陈龙在准备GMAT考试时无意间接触到"Darkness Restaurant"这个词。经查此词源于1999年苏黎世的"盲人餐厅"，目前有4家欧洲黑暗餐厅（苏黎世、巴黎、柏林和伦敦），分别由4个公司经营。经过考察，亚洲尚无第二家。陈龙从中发现了商机。他与两个朋友成立乐港餐饮公司，共同运作"巨鲸肚黑暗餐厅"连锁品牌。2007年元旦，亚洲首家"黑暗餐厅"在北京开业。现在，陈龙经营着5家连锁黑暗餐厅，除北京店外，全部采用加盟形式，计划开20～30家。2008年，获得中厦投资首轮1 000万元的创业投资。这家名叫"巨鲸肚"的"黑暗餐厅"位于北京建外SOHO，它的名字来源于《巨鲸历险记》。餐厅外观为全黑色，内部几乎也没有光线。客人进入餐区必须要由佩戴夜视镜、经过特殊培训的侍应生引导，经由特殊设计的单行线盲道进入黑暗餐区。在进入黑暗餐区之前，顾客不允许携带任何发光体入内。

巨鲸肚采用"创意社交"的餐厅经营理念，营造出黑暗的神秘酷体验。主要顾客为敢于尝鲜的时尚年轻人群，如要好的朋友、富有情趣的情侣和打算恶整别人的家伙等。在餐厅内部，顾客除了体验摸黑吃饭的乐趣、享受"黑暗餐厅"特制美食（主要是套餐，最低价格168元）之外，还能够欣赏到餐厅为顾客准备的一场创意十足的"黑暗剧"。另外，陈龙正在为黑暗餐厅加载更多的功能，如提供婚宴、年会等服务，以及针对顾客多为情侣的社区网站等。

"巨鲸肚"黑暗餐厅在刚开业期间食客络绎不绝。大家表示，在伸手不见五指的黑暗中享受美食，真是太刺激了。"黑暗餐厅"屏蔽了人们的视觉，鼓励人们尝试仅仅依靠触觉、嗅觉、味觉和听觉来体验独特的进食过程。这对绝大多数人来说，都是从未有过的体验。

但是，也有顾客反映：用餐有很大的不便性，他们不会第二次光顾。

注：有关黑暗餐厅的视频，可百度搜索，或到优酷网站上搜索"财富故事会 黑暗餐厅"。

提示问题：
1. 请问黑暗餐厅创意能否算是创业机会？理由是什么？
2. 试评价该商业模式。

5.2 创业机会是如何产生的

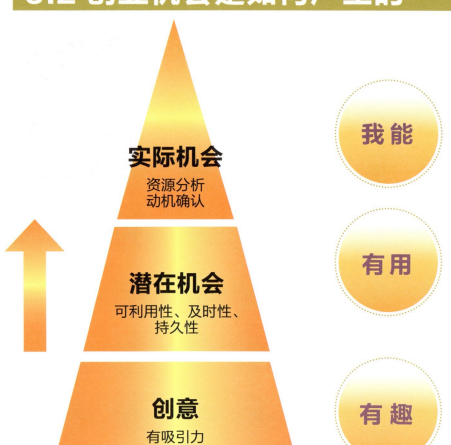

前文已经简单提到了创业机会产生的过程：创意——潜在机会——实际机会。如左图所示，它们的关系呈金字塔形，从下到上，从创意到实际机会，数量越来越少。创意是有趣、有吸引力的点子，数量最多；潜在机会可以利用前文提到的机会四大特征进行筛选；实际机会不仅要有趣和有用，还要结合自身动机、能力和外部环境资源进行分析，看看能否为我所用，经过层层筛选，实际机会只剩下顶尖的一小部分。

为什么有的人视机会为无物？

环境变化
经济变化
社会人口变化
技术变化
政治法律制度变化
产业结构变动

产品、服务、原材料和组织方式等方面的差距或缺陷 找出改进或创造目的——手段关系的可能性

新产品、新服务、新原材料和新组织方式

创业者特征
警觉性和创业动机
认知学习能力
先验知识
资源禀赋与社会网络
创造性
自信

创意是机会识别的基础，有了创意不代表有了机会，即使创业机会存在，也只有能够敏锐地识别和捕捉到它的人才能够掘得第一桶金。正是这种识别能力的差异才使得创业机会显现出来，它对大部分人来说都是不明显的。在任何时候，只有少数人能够发现创业机会。创业者是特立独行的，他们能够做出常人做不出的、与众不同的决策。

创业机会识别过程是创业者与外部环境（机会来源）互动的过程，在这个过程中，创业者利用各种渠道和各种方式掌握并获取有关环境变化的信息，从而发现在现实世界中产品、服务、原材料和组织方式等方面存在的差距或缺陷，找出创造或改进目的——手段关系的可能性，最终识别出可能带来新产品、新服务、新原材料和新组织方式的创业机会。

5.3 创意如何产生

虽然创意≠创业机会，但没有创意是万万不可的，既然创意这么重要，那么我们该如何激发创意呢？这里，我们将介绍三种创意产生的方法。

(a) 小组中的任何成员都不允许批评——讨论中没有负面评论；
(b) 鼓励随心所欲——越放任，构思越巧；

小组讨论没有明确限制的主题，有利于激发新的创意。

(c) 希望产生大量的构思——构思越多，好的构思出现的概率就越大；
(d) 鼓励对构思进行组合和改进——其他人的创意可以被用来促进产生新的创意。

（1）头脑风暴法

范例  +

纸张和肥皂（如何跨界产生新创意）		
形式	关系/组合	构思/类型
形容词	像纸的肥皂	薄片
	像肥皂的纸	有助于旅行中的清洗和干燥
名词	纸肥皂	硬纸用肥皂浸渍，用来清洗外表
副词	上过肥皂的纸	订制成书册的肥皂
	肥皂湿纸	在涂抹和浸渍过程中
	肥皂清洁纸	墙纸清洁物

（2）跨界思维法

跨界思维法是一种通过挖掘不同产品的关联性以获得新创意的方法。

| A. 多种功能进行组合 | B. 增加一点新功能 | C. 设法减去一些功能 | D. 改变原有功能 |

惠普多功能一体机　　东芝 Carrier 空调可以排出"负离子"

瑞典 IKEA 家具公司，出售家具组件并提供图纸、带尺、铅笔、起子等，由顾客自己配套，它的售价比整件价低 30%，年销售额 17 亿美元

翻修自由女神的废料被改铸成纪念像、纪念币，水泥碎块加工成小型纪念碑，作为源于自由女神神圣的一部分，以特殊纪念品高价出售

（3）功能分析法

功能分析法将复杂系统的总功能分解为简单的功能单元，再对每个功能求解，然后进行组合，得到系统的多种总方案。它主要用于形成新产品的创意。

5.4 机会如何识别

机会识别的方法

经济趋势

要注意经济状况、可支配收入和消费者的消费模式。*例如*，"互联网+"是很大的趋势，如找钢网，互联网改造传统行业。

社会趋势

要注意社会和文化趋势、人口统计变化和人们的流行观。*例如*，性别模糊化产生了很多的第三性产业；乡村运动带来了乡村旅游和乡创。

技术进步趋势

例如，大数据导致很多咨询机构；基因剪辑技术导致很多的生物工程。

（一）观察趋势法

法规变动

例如，民航放开，导致均瑶航空。

人口变动

例如，二胎政策导致幼教产业的新黄金时期。

机会识别的方法主要有两种：观察趋势法和解决问题法。观察趋势法要求我们观察趋势并研究它们如何创造创业者追求的机会。经济趋势、社会趋势、技术进步趋势、法规变动和人口变动，都是要遵循的最重要趋势。

（二）解决问题法

过去用长型剃刀剃须容易刮破脸。自小就看到父亲剃须时常常刮破脸，吉列（King C. Gillette）长

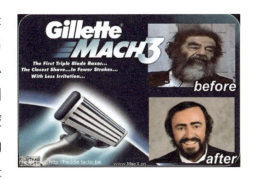

大之后自己也有同感，决心创造出一种更加安全、方便的剃刀。1903年，他创造出世界上第一个可以更换刀片的安全剃须刀。如今的吉列新产品竟有30多种功能、20多项专利技术，年产值达到数十亿美元，市值达400多亿美元。

吉列的出现，说明解决了一个问题，也就发现了属于自己的机会。

出行是人类最基本的需求之一。摩拜单车发现人们的这一需求，尤其是城市内短途出行需求，在目前并未得到很好的满足。摩拜单车想要实现一个朴素的愿望：帮助每一位出行者

以可支付得起的价格更便捷地完成短途出行。为了把这一朴素的愿望变成现实，摩拜单车选择了自行车这个最普及的交通工具，并采用创新的理念，结合了互联网技术，重新设计了车身和智能锁，从而让使用自行车完成出行变得更加容易。

> 解决问题法要求我们明白创业者原本也是顾客，从需要出发找出解决办法，从而发现创业点子。事实上，很多机会隐藏在问题背后。

创业标杆:"乡村振兴"是好机会

十九大报告中提出实施"乡村振兴战略",为建设美丽乡村指明了新方向。

从甘肃农业大学毕业后,曹伯平回到家乡曹家坪,从养花匠一步一步干起,直到成立牡丹产业公司,他让家乡的牡丹、芍药远销全国多地,甚至销往澳大利亚、荷兰,他也成了当地有名的致富和扶贫带头人。在曹伯平的带动下,当地村民和一些贫困户也开始种植牡丹。在牡丹基地打工可以增加一部分收入,把土地流转给兴望牡丹产业公司,土地租金也是一笔收入,因为牡丹吸引来大量游客,村民们兴办农家乐又是一笔收入。

"乡村振兴,最关键的还是要靠产业,像我们村主要依靠的就是牡丹产业,希望县上有关部门进一步加大对牡丹产业的扶持力度,让农民获得更多的实惠和幸福感。"曹伯平说,"乡村振兴战略给农民吃了一颗定心丸,明确了农村未来的发展方向。下一步,我们要抢抓乡村振兴战略机遇,不断壮大牡丹产业,依托村里生态资源,大力发展乡村旅游,真正把曹家坪村变为名副其实的美丽乡村。"

5.5 机会如何筛选

当同时出现很多机会的时候,怎么办?

这就涉及机会筛选和评估问题。目前,蒂蒙斯(1999)提出的全面的机会筛选框架是国际上公认的,也是比较权威和科学的,下表就是评估的具体标准:

标　准	最高潜力	最低潜力
(一) 行业与市场		
1. 市场		
(1) 需求	确定	不被注意
(2) 消费者	可以接受,愿意为此付费	不容易接受
(3) 对用户回报	小于一年的回收期	三年以上
(4) 附加值	产品的附加价值高	产品的附加价值低
(5) 产品生命周期	将要开发的产品生命长久	不长久
2. 市场结构	新兴行业或不完全竞争行业	完全竞争、高度集中或成熟与衰退行业
3. 市场规模	市场规模大,销售潜力达到 1 000 万 ~ 10 亿美元	不明确或少于 1 000 万美元
4. 市场成长率	市场成长率在 30% ~ 50%,甚至更高	很低或少于 10%
5. 市场容量	现有厂商的生产能力几乎完全饱和	容量不足
6. 可获得的市场份额	在五年内能占据市场的领导地位,达到 20% 以上	不到 5%
7. 成本结构	拥有低成本的供货商,具有成本优势	下降的成本
(二) 经济因素		
8. 达到盈亏平衡点所需要的时间	达到盈亏平衡点所需要的时间在 1.5 ~ 2 年以下	多于 4 年
9. 正现金流所需要的时间	盈亏平衡点不会逐渐提高	多于 4 年
10. 投资回报率	投资回报率在 25% 以上	低于 15% ~ 20%

11. 资本要求		项目对资金的要求不是很大,能够获得融资	对资金要求高,没有投资基础
12. 内部收益率潜力		销售额的年增长率在 25% 以上	低于 15%
13. 自由现金流特征		有良好的现金流量,能占到销售额的 20%~30% 或以上	低于销售额的 10%
	(1)销售额的成长	中等甚至更高(15%~20%)	低于 10%
	(2)资产密集度	相对于销售额的比例低	高
	(3)自发流动资本	运营资金不多,需求量是逐渐增加的	高要求
	(4)研发/资本开支	要求低	高
	(5)毛利率	能获得持久的毛利,毛利率要达到 40% 以上	低于 20%
	(6)税后利润	能获得持久的税后利润,税后利润率要超过 10%	低
(三)实现回报的条件			
14. 增值潜力		高战略价值	低战略价值
15. 退出机制和战略		存在现有的或可预料的退出方式	尚未定义
16. 资本市场环境		环境有利,可以实现资本的流动	不利,信贷紧缩
(四)竞争优势			
17. 固定成本和可变成本		固定成本和可变成本低	最高
18. 对成本、价格和分销的控制		对成本、价格和分销的控制较高	弱
19. 进入壁垒			
	(1)所有权保护	已获得或可获得对专利的保护	没有
	(2)竞争对手的回应时间	竞争对手尚未觉醒,竞争较弱	无法获得优势
	(3)法律、合约优势	拥有专利或具有某种独占性	没有
	(4)关系和网络	拥有发展良好的网络关系	原始、有限
	(5)关键人员	拥有杰出的关键人员和 A 等管理团队	B 等或 C 等的管理团队
(五)管理团队			
20. 创业团队		优秀管理者的组合	弱的或单个创业者
21. 行业和技术经验		达到了本行业内的最高水平	未发展
22. 正直		正直廉洁程度能达到最高水准	可疑的
23. 认知诚实度		知道自己缺乏哪方面的知识	不想知道自己的不足

	(六) 致命缺陷问题	
24. 致命缺陷问题	不存在	一个以上
	(七) 创业者的个人标准	
25. 目标与匹配度	个人目标与创业活动相符合	往往出现让人惊讶的事情
26. 好/差的方面	可在有限的风险下实现成功	线性的
27. 机会成本	创业者能够接受薪水减少等损失	满足于现状
28. 愿望	渴望创业,而不只是为了赚大钱	仅仅为了赚大钱
29. 风险/回报容忍度	估算过风险	回避风险型或赌博型
30. 压力承受度	创业者在压力下状态依然良好	在压力下崩溃
	(八) 创业企业理想和现实的战略性差异	
31. 匹配度	理想与现实情况相吻合	低
32. 团队	管理团队已经是最好的	B 等团队
33. 服务管理	有很好的服务理念	认为不重要
34. 时机	所创办的事业顺应时代潮流	逆流而形
35. 技术	技术具有突破性,不存在竞争	有很多替代者或竞争者
36. 灵活性	具备适应能力,能快速取舍	缓慢、顽固
37. 商机导向	始终在寻找新的机会	不考虑环境,对商机木然
38. 定价	定价与市场领先者几乎持平	存在低价出售商品的竞争者
39. 分销渠道	可获得或已经拥有现成的网络	未知或不可获得
40. 容错空间	能够允许失败	不宽容、刚性策略

与其他理论不同,蒂蒙斯更多的是从一个机构投资者或者从一个旁观者的角度来分析,结合机会本身的特点和企业(或企业家)的特质来综合考虑。他概括了一个筛选创业机会的框架,其中涉及 8 大类 53 项指标,针对不同指标做出权衡打分。这些指标提供了一些量化的方式,使创业者可以对行业与市场问题、经济因素、竞争优势、管理团队、致命缺陷问题等方面做出判断,以及这些要素加起来是否组成一个有足够吸引力的商业机会。尽管蒂蒙斯也承认,现实中有成千上万适合创业者的特定机会,未必都能与这个筛选框架相契合。不过,他的这个框架是目前包含筛选指标比较完整的一个体系。

5.6 机会如何测试

再好的机会都应该经过客户的检验和认可，才能正式推向市场。所以，好的创业者即使希望快速行动，也要小心谨慎，在行动之前，先对机会进行测试，机会测试包含以下三个阶段：概念测试、样品测试、销售测试。在概念测试阶段，产品还仅仅是一种"想法"，或者说就是一个"概念"而已。而我们这时就需要对产品进行第一次的测试了。

为了提高准确率，我们需要增加样本量，这样就比较适合采用市场调查的方式，可以设计一份问卷，然后在认为可能出现目标客户和潜在客户的区域进行调查，最终得到这些客户对某个产品概念的态度。

01 从多个产品概念中选择出最适合的一个

02 基于选择出的产品概念，初步思考这个产品概念能够带来的商业价值

03 这个商业价值能否得到目标客户和潜在客户的认可

04 企业如何更好地实现这个产品概念，以便商业价值得到体现

之所以要做概念测试，原因有四点：

样品测试

通过概念测试后，还应制作出产品样品，再对样品进行测试。因为毕竟概念和实物会有所差距，概念是否能够很好地转化为产品，产品是否能够受到消费者的喜爱，这些都需要通过样品测试来检验。

1. 内部测试阶段

2. 公开测试阶段

3. 持续测试阶段

让员工参与使用新产品，找到比较明显的产品缺陷和不足，并进行修改。

但是内部测试并不能保证员工是自己产品的目标客户，因此，他们只能发现一些显而易见的产品问题，而无法提供更有力、更深入的观点。这就需要进入第二个阶段：公开测试。

这就是客户实验的阶段形式，方法基本一样，就是邀请部分客户进行测试，并针对设计好的问题让他们进行回答。

这个阶段就是提供给客户一部分样品，让他们持续使用。因为我们知道，有些客户购买产品完全是为了尝鲜，并不是真正需要，而这种持续测试就能够看出客户是否真正需要你的产品，这就决定了他们是否会持续购买你的产品或服务。

销售测试

样品测试完成，并不意味着就可以进入投产并全面上市的阶段。在此之前，许多企业还会进行一轮测试，就是我们通常说的"试销"阶段。

试销的主要目的就是两个：①进一步预测产品的销售前景和利润；②试运行企业所制定的营销策略，并基于反馈进行修正，确保正式执行的时候无偏差。

关于试销，就不用多介绍了，很多企业都有规范的流程，这里只做一个简单的总结。通常，我们做产品试销，需要考虑六个方面的问题：

1. 试销方案
说明我们为什么要进行试销，通过试销要得到什么数据，以及进行后期评估的各类标准。

2. 试销地点
在哪些区域开展试销，并说明为什么要选择这些区域。

3. 试销方法
选择什么样的渠道，选择什么样的媒体等。

4. 试销周期
大概需要多长时间来完成这个过程。

5. 成本预算
大概需要花费多少钱。

6. 试销评估
如何收集信息，如何传递信息，如何对收集到的信息进行评估等。

5.7 怎样应对机会陷阱

机会陷阱	表现特征	克服方法
对创业机会识别存在误判	过早进入市场	市场还未成熟，需要靠这一家公司支撑起整个产业链，成本太高。可专注研发，产品稍后推出。
	过晚进入市场	重新对市场评估，到底在目前的发展趋势下是否值得进入？如果坚持市场进入策略，要做好竞争对手反击的准备。
不懂如何发现机会	每次都后悔为什么不能想到别人的创业点子	多和行业相关人士交流，了解行业动态变化，帮助掌握一手信息；练习观察趋势法和解决问题法，大胆提出自己的想法并征求身边朋友的意见。
对创业机会选择存在误判	很多创业想法无从下手，非常苦恼	当创业者面临很多创业机会的时候，这就需要进行机会筛选和评估，需要重点考虑行业价值、市场竞争以及经济回报等因素，具体可参考蒂蒙斯提出的全面机会筛选框架。

创业陷阱:罗永浩和锤子能翻身吗

根据相关披露数据,罗永浩投资3 000万元占股1.13%的锤子科技2015年净亏损4.6亿元,2016年上半年亏损1.9亿元。罗永浩交出的这份成绩单,投资人看了肯定会不高兴。

作为锤子科技CEO,历经四个春秋,他几乎以一己之力从无到有做出一家公司、两个手机品牌和三款手机产品。但从手机销量上看,T1上市一年只卖了25万台;坚果手机只卖出不到100万台;T2销量也不会高于坚果手机。针对T1和T2的销量,外界也许不会有太多的意外,因为这两款产品都经历了严重的产能危机,用户购买热情最高的时候买不到。但在千元机市场上,为什么小米可以做到3年销售1.1亿台,魅族可以做到一年销量1 500万台,而坚果只有不到100万台?答案是时机问题,罗永浩来晚了。市场不会给罗永浩时间去犯错,中国智能手机的窗口期正在关闭,整个市场将在近两年见顶。但是锤子科技还没有找到通往这个窗口的捷径。

资料来源:http://tech.qq.com/a/20160922/007412.htm。

1　创业认识陷阱
2　创业决策陷阱
3　创业情境陷阱
4　创业方法陷阱
5　创业机会陷阱
6　创业计划陷阱
7　商业模式陷阱
8　创业团队陷阱
9　创业融资陷阱
10　创业法律陷阱
11　企业成长陷阱
12　社会创业陷阱

第6章 创业计划

学习地图

如何进行可行性分析　如何写一份好的创业计划书　怎样应对计划陷阱

可行性分析是确定产品、市场、组织和财务等创业过程中涉及的各个方面是否可行的过程。确定了创业机会后，创业者需要进行可行性分析，在可行性分析的基础上，进而形成一个可行的创业计划。

创业计划首先是一种吸引投资的工具，同时也是确定目标和制订计划的很好的行为指南。创业计划一般包括：摘要、企业概述、产品与服务、市场分析、经营策略、管理队伍、路线研究、财务分析、机会和风险以及资本需求等方面。真正好的创业计划常常是在不够好的构想基础上改进而来的。创业者不可因为只是一些普通的构想就停步不前，放弃创业的心愿。所谓好的构想还需要经得起市场验证，才真正算得上好，既然知识和经验天天都在增加，创业构想当然也经常需要调整、修正、补充、创新。此外，创业计划还需要避免商业计划书准备不充分、太花哨、概要太长且松散、团队资格陈述不清、财务预期不合理等陷阱。

6.1 如何进行可行性分析

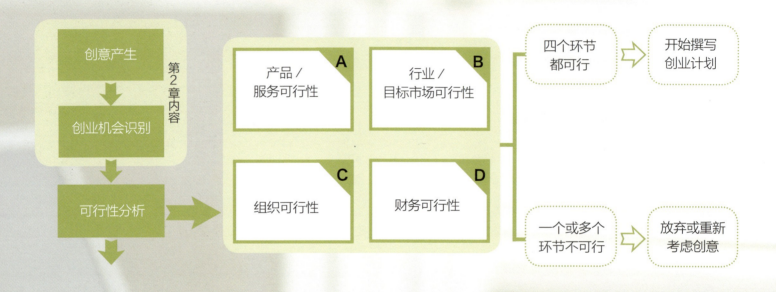

对于创业机会，我们已经学习过了创业机会识别的过程与方法，以及产生创意的方法。接下来要做的是对创业想法进行可行性分析，可行性分析主要包括：产品／服务可行性、行业／目标市场可行性、组织可行性、财务可行性分析。四个环节均可行时，创业者才能开始行动；只要有一个环节不可行，创业者就应重新考虑或放弃该想法。

吸引力分析是为了确定产品/服务的受欢迎程度，以及在市场中满足的需求。思考对下述问题及解答的总体认识，但不是努力得到最终结论。

- 有价值吗？合乎情理吗？是否会令消费者激动不已？
- 产品/服务是利用了环境趋势，解决问题，还是填补了市场空隙？
- 当前是将产品或服务引入的良好时机吗？
- 在产品/服务的基本设计或者概念中，是否存在重大缺陷？

需求分析是用来评价顾客对产品或服务感兴趣程度的工具。

购买意愿调查，我们通常使用以下问题：
如果我们进行生产，你在何种程度上愿意购买该产品？
（A.明确购买 B.可能购买 C.或许购买，或许不购买 D.可能不会购买 E.明确不会购买）
你愿意为该产品或服务支付多少费用？
你希望在什么地方买到这种产品或服务？

概念测试是向行业专家、潜在顾客提交产品或服务的基本描述，并征求他们的意见。

A. 产品/服务可行性

概念测试

基本描述包括：
- 产品/服务描述：产品或服务的基本描述，包括产品的缩略图。
- 目标市场：列举会购买产品或服务的消费者。
- 产品/服务的益处：带来的好处。
- 相对于竞争者：产品/服务定位。
- 企业管理团队的简要描述。

意见和反馈应该包括：
- 对陈述中的产品喜欢的地方。
- 提出改进建议。
- 创意的可行性（比如，过于理想或现实可行）。

可用性测试

可用性测试要求产品或服务使用者执行某些任务，以便测量产品或服务的易用性与用户的体验。

可用性测试也被称为用户测试、实地测试，有多种形式：
- 开发很基础的原型让用户试用——适用于预算有限的创业者。
- 进行非常精细的可用性测试，如在实验室中进行测试——适用于具备条件的创业者。

C. 组织可行性分析

管理才能
- 创业者或管理团队对商业创意所抱有的激情。
- 创业者或管理团队对将要进入的市场的了解程度。

它主要是判断拟建企业是否有足够的管理专业知识、组织能力和资源以成功创办新企业。

资源丰度
- 办公场所利用率、企业所处地区的劳动力质量、获得知识产权保护的可能性等。
- 类似企业的地理接近度、企业集群等,如美国加利福尼亚的硅谷。

6.2 如何写一份好的创业计划书

可行性分析结束后,可根据结果决定是否开始撰写创业计划书。

创业计划书是由创业者准备的书面计划,分析和描述创办一家新企业时所需要的各种因素。通过撰写创业计划书的过程,对企业进行自我评估,对创业前景有更加清晰的认识,并且期望通过创业计划书获得风险投资者的青睐。

十大内容

1. 导言

该部分为整个创业计划书的封面页，对创业计划书的全部内容做了一个简练的概括。

导言部分应包括以下内容：
- 企业名称和地址。
- 创业者姓名、电话号码、传真号码、电子邮箱、网址和联系地址。
- 用一段话来描述新企业愿景和业务的性质。
- 新建企业所需要的资金数量。创业者可以提供一个一揽子方案，包括股票和债券融资等。
- 对报告机密性的陈述。为了安全起见，这一段陈述对创业者来说是非常重要的。

2. 执行摘要

执行摘要的作用是激起潜在投资者的兴趣，本部分内容将使投资者决定是否有必要通读创业计划书的全文，因此执行摘要是创业计划书的重要部分，应该重视。

执行摘要通常在全部计划完成后撰写，长度一般为1~2页。执行摘要应该简洁有力地列举业务计划的要点，同时突出项目优势，特别要详细说明企业自身的不同之处以及企业获取成功的市场因素。

3. 环境和行业分析

环境和行业分析，也被称为市场分析或竞争分析。其中，环境因素包含以下内容：经济因素、文化因素、技术因素和法律因素。行业分析涉及的因素有：行业需求量和竞争情况。上述因素对创业者来说都具有不可控性，通过某些途径对这些因素进行认识和分析，对创业者发现市场机会、拟定与环境相适应的营销战略、规避风险有重要意义。环境和行业分析最终的落脚点都应该是某个特定市场。

关键问题

01 在过去5年中，该行业的销售总额是多少？

02 该行业预计的增长率如何？

03 在过去3年中，该行业有多少新进入的企业？

04 该行业最近有什么新产品上市？

05 最接近的竞争者是谁？

06 你的企业如何经营才能超过该竞争者？

07 你每个主要竞争者的销售额在增长或减少，还是保持稳定？

08 你每个竞争者的优势和劣势是什么？

09 你客户的特点是什么？

10 你客户与你竞争者的客户有什么区别？

3. 环境和行业分析

在了解环境和行业分析的主要内容后，将介绍一个很流行的分析工具——波特五力模型。

波特五力模型是哈佛大学商学院的迈克尔·波特（Michael E. Porter）于1979年创立的，用于行业分析和商业战略研究的理论模型。该模型在产业经济学的基础上推导出决定行业竞争强度和市场吸引力的五种力量，这五种力量将大量不同的因素汇集在一个简便的模型中，以此分析一个行业的基本竞争态势。创业者可借助五力模型强调企业或项目的竞争优势。

第一种力量 —— 供应商的议价能力

第二种力量 —— 买方的议价能力

第三种力量 —— 新进入者的威胁

第四种力量 —— 替代品的威胁

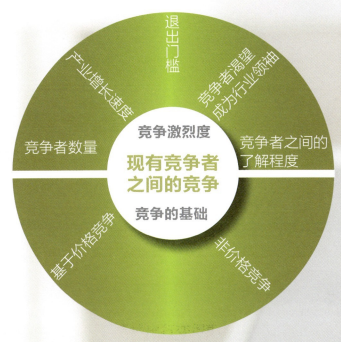

第五种力量 —— 现有竞争者之间的竞争

4. 创业企业描述（商业模式）

这部分是对新企业的产品、服务和运营情况做整体描述，以帮助投资者确定企业的规模和经营范围。要列出能充分形容新建企业，并能够使阅读者深入理解其所经营业务的要素。包括右边五个方面的内容。有的时候，这部分会用商业模式画布图来概括，详细内容可见第 7 章。

01 企业理念：让投资者相信该创业企业能为客户带来利益，满足客户要求。

02 企业基本情况：简要介绍企业名称、法律形式、法人代表、注册资本、主要股东、股份比例等。重点介绍企业未来发展的详尽规划，企业近期以及未来 3～5 年的发展方向、发展战略和要实现的目标。

03 产品或服务描述：介绍产品或服务的性能和用途，尤其是产品的新颖性、先进性和独特性，产品的研究和开发情况，在技术开发方面已经投入的资金总额为多少，计划再投入多少等。

04 企业发展阶段：说明企业在创立时、发展初期、稳定发展期、扩张期等不同阶段的情况，以及企业合并、重组或稳固地占领市场等情况。

05 创业者本身情况：创业者的商业背景是什么，具有怎样的管理经验。如果创业者刚刚进入社会创业，那么要介绍其成长背景、求学经历等。

5. 生产计划

01 成本管理

工业企业的成本费用内容，包括产品制造成本、管理费用、销售费用和财务费用等。成本管理的目标是使实际成本达到目标成本的要求，内容包括：材料费用控制、工资控制和制造费用控制。在对产品进行成本管理时应运用盈亏平衡法、价值分析法、指标分解控制法等组织技术方法。

02 生产类型

按生产方法：合成型、分解型、调制型和提取型。
按接受生产任务的方式：订货生产方式和存货生产方式。
按生产的连续程度：连续生产和间断生产。
按生产专业化程度：大量生产、轮番生产和单件小批量生产。

03 厂址选择

厂址选择就是确定工厂坐落的区域和具体地点。工厂建在什么地方，不仅影响建厂投资和建厂速度，还影响工厂的生产布置和投资后的生产经营资本。它直接关系到企业的成败和得失。

04 质量保证

质量管理的方法，可以分为两大类：一类是以数理统计方法为基础的质量控制方法；另一类是建立在全面质量管理思想上的组织管理方法。

05 库存管理

库存管理的两种基本方式：连续检查方式，就是在每次物资出库时，盘点所剩余的物资，若低于预先设定的警戒线，则发出订货指令；周期检查控制方式，是指定期地检查库存量，然后结合下一个计划期预算的需求情况，确定每次的订货量。

06 设备管理

设备的选择要满足如下要求：生产性、可靠性、维修性、节约性、安全性、适应性和环保性。

6. 营销计划

营销计划是一个以年度为基准的计划，它着眼于与营销组合变量（产品、价格、分销渠道及促销）有关的决策，并考虑如何将计划加以实施。

营销计划的准备步骤包括：确定企业经营形势，确定目标市场、优势和劣势，确立目标和确定营销战略及行动计划。

营销计划运用到的方法是市场营销的经典 4P 原则。

① 创造价值——产品（*Product*）

指能够提供给市场被人们使用和消费并满足人们某种需要的任何东西，包括有形产品、服务、人员、组织、观念或它们的组合。

② 交付价值——渠道（*Place*）

指在商品从生产企业流转到消费者手上的全过程中所经历的各个环节和推动力量之和。

③ 体现价值——定价（*Price*）

是指顾客购买产品时的价格，包括折扣、支付期限等。价格或价格决策，关系到企业的利润、成本补偿，以及是否有利于产品销售、促销等问题。

④ 宣传价值——促销（*Promotion*）

是公司或机构用以向目标市场通报自己的产品、服务、形象和理念，说服和提醒他们对公司产品和机构本身信任、支持和注意的任何沟通形式。

4P 理论由杰罗姆·麦卡锡于 1960 年在其《基础营销》（*Basic Marketing*）一书中提出。

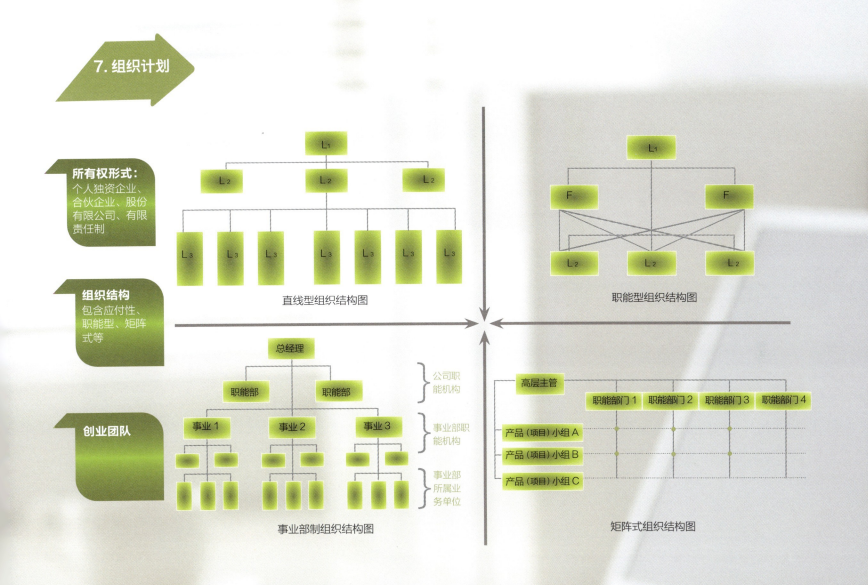

8. 财务计划

财务计划是对那些决定新企业经济能力的主要财务指标以及投资回报进行预测。

财务计划主要讨论三个问题：

（1）创业者前三年的销售预测和相应支出。

（2）前三年的现金流量表。

（3）预计资产负债表。

9. 风险评估

风险评估是指确定潜在的危险或可以选择的策略以实现业务计划的目标。

风险评估需要考虑三个问题：

（1）指出新建企业的潜在风险。

（2）描述潜在风险一旦发生会产生什么后果。

（3）陈述将采取什么措施规避、减弱或对抗这样的风险。

10. 附录

附录通常包括一些补充材料。这些补充材料在创业计划书的正文中没有必要详细展示，只需要在正文的相应文字或段落边标明供参考的附件名称即可。具体可以包括顾客、分销商和分包商的来信，用于计划制订的调研资料，租约、合同和已签订的其他协议，来自供应商和竞争对手的报价资料、专业术语等。

如何写好创业计划书

01 让创业计划书短小体面	阅读创业计划书的都是拒绝浪费时间的重要人物,因此创业者对新创企业的描述,不仅要清晰明确,还要简洁。
02 恰当地组织和包装创业计划书	目录、执行摘要、附录、例证、图表、正确的语法、各部分的合理安排、整体整洁,都是一份创业计划书有效表述的关键因素。
03 让创业计划面向未来	创业者在创业计划中努力营造一个激动人心的氛围,描绘企业的发展趋势和前景,描述企业未来的打算,说明这些产品或服务将带来怎样的机会。
04 避免夸张	销售潜力、收入估计、企业增长潜力,都不能夸大。最好的、最差的、最有可能的方案在创业计划中都要有规划。
05 突出关键风险	创业计划书中涉及关键风险的部分相当重要,因为它体现了创业者分析潜在问题和提出应变潜力的能力。
06 给出一个高效创业团队的证明	创业计划书中应清楚分辨每个关键人物的才能,以及这些人怎样形成一个高效的创业团队来管理企业。
07 识别目标市场	通过寻求特殊消费者市场,增强企业产品或服务的市场竞争力。市场调研一定要区分细分市场的情况。
08 用第三人称编写计划	相对于第一人称"我""我们"来说,使用第三人称"他""他们"具有更好的效果,也就是说,创业计划书的撰写过程中应尽量客观,避免主观。
09 捕捉投资者的兴趣	创业者应通过介绍企业的独特性来吸引投资者。要吸引阅读者的兴趣,使其产生读下去的欲望,导言和执行摘要的撰写就显得尤为重要了。
10 满足创业计划书的基本要求	主题明确,结构合理;内容充实,重点突出;论据充分,论证严谨;方法科学,分析规范;文字通畅,表述准确;排版规范,装帧整齐。

创业计划书撰写的注意事项

重点突出

- ▲ 执行摘要部分要提纲挈领
- ▲ 图表胜于文字
- ▲ 标题重点胜于段落文字
- ▲ 首尾一致，互相呼应
- ▲ 另准备 10 页以内的缩减版

要有条理和逻辑性

- ▲ 环境分析必须为战略和策略决策提供依据，防止资料堆砌，充凑篇幅
- ▲ 策略决策尽可能有数据支撑，而非想当然
- ▲ 策略决策及职能管理必须以企业战略为导向，防止二者脱节
- ▲ 团队分工协作必须相互沟通配合，相互之间的工作必须配套

创业计划书的自我检验

"电梯"检验

完成创业计划书以后,我们还需要向他人展示。检验创业计划书是否精简、直戳重点和吸引人的方法之一就是进行"电梯"检验。

"电梯"检验是在广为人知的电梯销售演讲基础上演变而来的。大约在上一层电梯的时间里——用最多两个短句告诉我,你的生意如何获利?你需要一个"电梯商业演讲"。为什么?你必须清楚你如何赚钱。这个简单道理看似不言自明,但实际上很多刚成立的企业或将要创立的企业,对于如何最终盈利的概念非常模糊。所以,创业计划必须简单明了。

我们经常用来检验新企业的一个测验,就是看企业被解释的难易程度。一个人能在他的名片后面概括他的公司计划的话,这通常意味着他能向员工、顾客和其他利益相关者描述公司的目标。一份需要一段文字或者10分钟来解释的创业计划是含糊不清的。例如,思科公司的创始人以惊人的明确性解释了他们的事业,整个使命只用了三个单词:"思科连接网络"。

电梯演讲时需要注意:

1. 要表达清楚,不要自言自语,语速适中。

2. 尽量在一开始就让听众对你的表述有兴趣。

3. 要热情。

4. 运用肢体语言表达你的热情。

5. 切忌过分焦虑和过分表现。

6. 以短文的形式结束,将结束的重点放在下一步的行动上。

6.3 怎样应对计划陷阱

计划陷阱	表现特征	克服方法
商业计划书撰写不够完整	缺少行业背景分析和市场现状描述	掌握 SWOT 等行业分析工具，深入分析行业和市场现状。
	缺少企业愿景描述	学会用一句话来告诉别人，企业未来要发展成什么。
	缺少商业模式描述	讲清楚有什么样的解决方案或者产品，能够在什么程度上解决痛点，明确用户群体，说明产品的核心竞争力，说明盈利模式。
	缺少项目团队介绍	团队的规模和组成，团队核心成员的分工、背景、岗位匹配度，团队的核心竞争优势。
	缺少财务预测以及融资计划	未来一年的项目收支情况的财务预估，未来六个月或者一年的融资计划，目前的估值。
商业计划书撰写角度不够准确	站在企业自身而不是投资人角度去撰写商业计划书	重点从投资人关注的角度去撰写，比如创业的想法是否关注到真的需求，目前这个市场是否有人在做，是否符合国家政策法律法规，产品究竟如何解决痛点，团队的执行力究竟怎样。
商业计划书撰写不切实际	项目脱离实际	撰写商业计划书前，要充分进行可行性分析，避免一些像伪需求，财务预期过高的问题出现。

1 创业认识陷阱
2 创业决策陷阱
3 创业情境陷阱
4 创业方法陷阱
5 创业机会陷阱
6 创业计划陷阱

7 商业模式陷阱
8 创业团队陷阱
9 创业融资陷阱
10 创业法律陷阱
11 企业成长陷阱
12 社会创业陷阱

第7章 商业模式

学习地图

- 什么是商业模式
- 什么是商业模式画布
- 如何使用画布
- 商业模式新思维有哪些
- 怎样应对商业模式陷阱

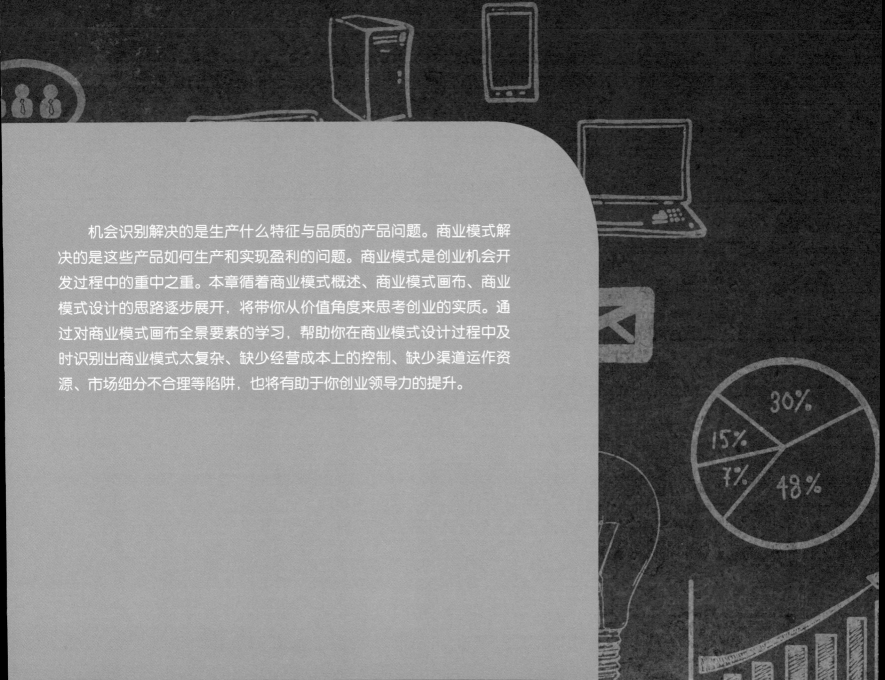

机会识别解决的是生产什么特征与品质的产品问题。商业模式解决的是这些产品如何生产和实现盈利的问题。商业模式是创业机会开发过程中的重中之重。本章循着商业模式概述、商业模式画布、商业模式设计的思路逐步展开，将带你从价值角度来思考创业的实质。通过对商业模式画布全景要素的学习，帮助你在商业模式设计过程中及时识别出商业模式太复杂、缺少经营成本上的控制、缺少渠道运作资源、市场细分不合理等陷阱，也将有助于你创业领导力的提升。

7.1 什么是商业模式

商业模式说明了企业如何通过对价值发现、价值创造、价值占有三个环节的因素进行设计，在创造顾客价值的基础上，为股东创造企业价值，为商业伙伴创造伙伴价值。从本质上讲，商业模式是企业的价值创造和价值占有逻辑。

01 价值发现

明确价值创造的源泉，是对机会识别的延伸。绕过价值发现的思维过程，创业者容易陷入"如果我们生产出产品，顾客就会来买"的错误逻辑，这是许多创业失败的重要原因之一。

可通过《蓝海战略》中的价值曲线的方法来实现价值发现。

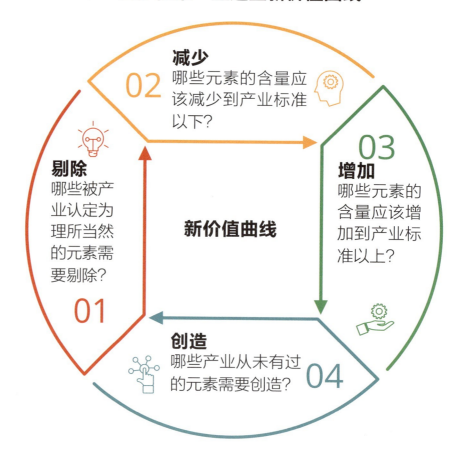

"四步框架"塑造全新价值曲线

01 剔除 哪些被产业认定为理所当然的元素需要剔除？

02 减少 哪些元素的含量应该减少到产业标准以下？

03 增加 哪些元素的含量应该增加到产业标准以上？

04 创造 哪些产业从未有过的元素需要创造？

新价值曲线

创业标杆：太阳马戏团的价值曲线

1984年成立的太阳马戏团是堪称与迪士尼相媲美的加拿大"国宝"，是世界上规模最大、收益最高且也最受欢迎的表演团体。

太阳马戏团走出了一条超越传统马戏竞争之路——把马戏和富于艺术感染力的舞台剧相结合。太阳马戏团没有在请明星艺人、名驯兽师上与竞争对手硬碰硬，它的原创剧目没有动物，也不聘用明星，而是用马戏的表演讲述完整的故事。它们的演出服装艳丽，运用灯光、音效、舞美等技术，把魔术、杂技、小丑等与舞台剧相结合，制造出一种超乎想象的奇妙效果，不仅吸引了马戏爱好者，也赢得了那些经常光顾剧院的观众。这样，太阳马戏团创造了一种全新的艺术形式，将其他马戏团远远甩在身后，超越了一般意义上的竞争，享受了独有的高利润。

对帐篷进行古典式的内部豪华设计

保留小丑，但把小丑的幽默从闹剧转变为以更迷人、更精致的形式呈现

增加
票价
帐篷设计

减少
小丑
经典杂技

价值主张
马戏的滑稽与惊险，融合舞台剧的技术合成及艺术感染力

剔除
动物表演

创造
戏剧主题
音乐舞蹈
舞台美术

在经典杂技的基础上融入富于艺术性的歌舞表演（音乐、视觉、灯光和表演），改变了原来单一的演出形式

02 价值创造

明确合作伙伴，实现价值创造。新企业不可能拥有满足顾客需要的所有资源和能力，即便新企业愿意亲自去打造和构建需要的所有能力，也常常会面临着很大的机会成本和风险。

可通过价值链分析方法来进行价值配置。基本原则就是应该明确自己在价值链上的位置。

企业要根据自身核心能力选择关键活动，非关键活动或非核心活动则应外包给其他供应商。

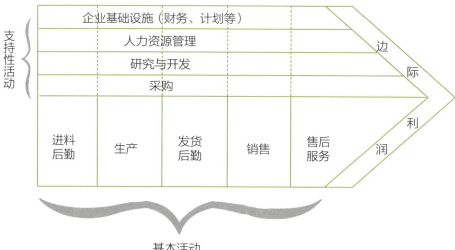

价值链的基本思想是，企业的价值增加过程，按照经济和技术的相对独立性，可以分为既相互独立又相互联系的多个价值活动，这些价值活动形成一个独特的价值链。价值活动是企业所从事的物质上和技术上的各项活动，不同企业的价值活动划分与构成不同，价值链也不同。价值创造环节，关键就在于优化价值链。

03 价值占有

从企业内部来说，就是降低成本，增加收益来源。

从企业外部来说，就是制定竞争策略，占有创新价值。许多创业企业是创新技术或创新产品的开拓者，但却不是创新利益的占有者，最终使得创业企业"竹篮打水一场空"。

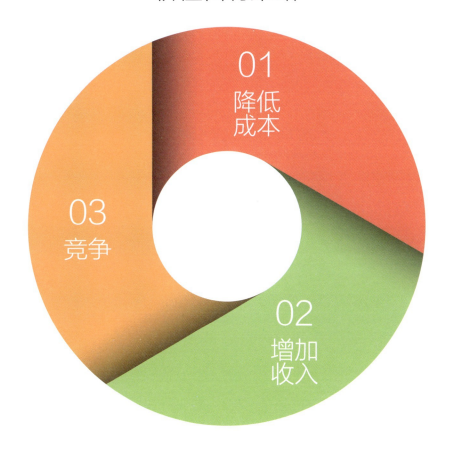

价值占有策略

7.2 什么是商业模式画布

商业模式画布是一种用来描述商业模式，可视化商业模式，评估商业模式以及改变商业模式的通用语言。

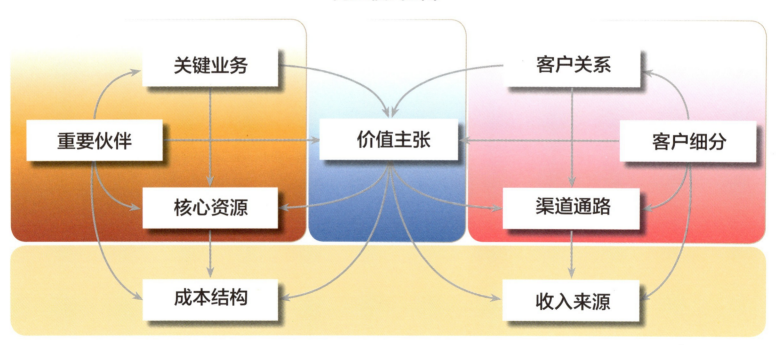

商业模式九要素以及要素之间的关系

可以发现，商业模式九要素与本章开篇所提的价值发现、价值创造、价值占有存在对应的关系，本图就是对九要素及其关系的一个总结。

7.3 如何使用画布

谁是你的付费用户？

答案提示：

抽象名词，如"客户"或高消费人群。 ×

尽量用具体名词，如"家庭主妇""企业白领""大学生""餐饮连锁店"等。 √

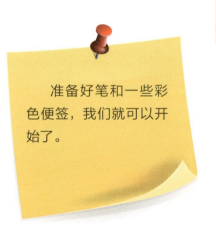

准备好笔和一些彩色便签，我们就可以开始了。

1 只写直接收费的用户。如果你做收费订餐服务，就可能会有以下两种情形：客人在餐厅消费以后，餐厅给你提成，那你的用户就是餐厅；你从吃客处收取餐费，扣去提成后把余钱给餐厅，那你的用户就是吃客。

2 如果有不同用户，比如你做快递业务，你的用户有企业和个人，你可以将企业、个人列为两种不同用户。

3 如果你的业务"免费"，而且永远免费，请停止游戏；如果现在免费，将来会收费，请写明将来的付费用户。

👉 **如何使用商业模式画布?**

你给用户带来什么好处?

答案提示:

价值 ✗
加快减肥速度 ✓
降低物流成本 ✓
提高搜索精度 ✓

尤其应该多思考你和竞争对手不一样的方面……

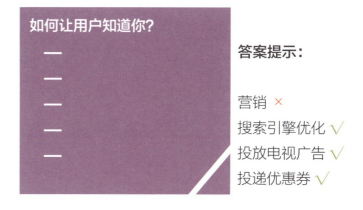

如何让用户知道你?

答案提示:

营销 ✗
搜索引擎优化 ✓
投放电视广告 ✓
投递优惠券 ✓

这个问题的本质是你通过哪些具体方法做营销推广。

如何使用商业模式画布？

如何将产品送达用户？

答案提示：

网络 ✗
顺丰快递配送 ✓
App Store 下载 ✓
开设直营门店 ✓

前一个问题是用户如何知道你，但知道你并不等于会买你的产品或服务；而这个问题是如果用户付钱下单，他们如何拿到购买的产品或服务，问题的本质是"渠道"。

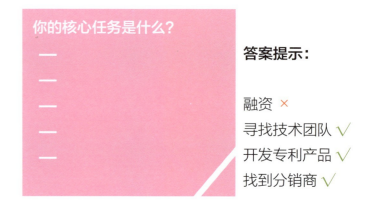

你的核心任务是什么？

答案提示：

融资 ✗
寻找技术团队 ✓
开发专利产品 ✓
找到分销商 ✓

写入你从现在开始，到证实你的商业模式成功时（业务相对稳定、收支持平、略有利润）所必须完成的主要事项。

第 7 章 商业模式 155

👉 **如何使用商业模式画布？**

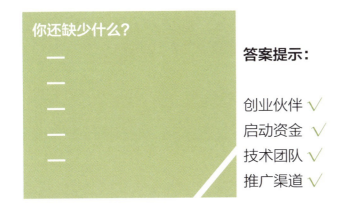

你还缺少什么？

答案提示：

创业伙伴 ✓
启动资金 ✓
技术团队 ✓
推广渠道 ✓

这个你最清楚，创业公司里困难重重（同样是指从现在开始，到你业务相对稳定、收支持平、略有利润时所缺少的东西）。

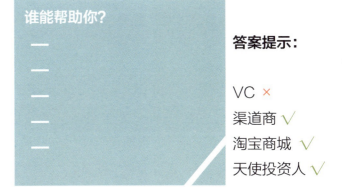

谁能帮助你？

答案提示：

VC ✗
渠道商 ✓
淘宝商城 ✓
天使投资人 ✓

不要写投资人，创业中很多东西不是钱可以解决的，要分析除钱以外的业务伙伴。

如何使用商业模式画布？

你有多少种赚钱的产品？

答案提示：

产品 ×
卖手机 √
卖平板电脑 √
卖内容下载 √

你有多少种产品或产品线？看看苹果公司就应该能明白。

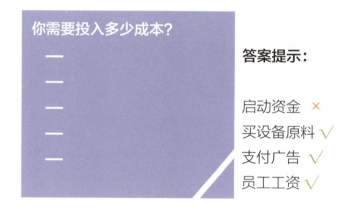

你需要投入多少成本？

答案提示：

启动资金 ×
买设备原料 √
支付广告 √
员工工资 √

列出投入大项的数额，再合计成总数。

如何使用商业模式画布？

将便签贴入空白的商业模式画布中，就形成了适合你企业特有的商业模式。

注意：
画布中每个要素的变化可能会影响到其他要素的构造，所以可以在此基础上设计出各种纷繁的商业模式！！！

7.4 商业模式新思维有哪些

从价值发现、价值创造和价值占有三个角度想一想有哪些具有潜力的新思维?

■价值发现新思维

- 从低价思维转向情感思维
- 从客户思维转向社群思维
- 从产品思维转向最终解决方案思维

■价值创造新思维

- 从 B2C 思维转向 C2B 思维
- 从生产思维转向平台思维

■价值占有新思维

- 从有偿思维转向免费思维
- 去掉中间成本思维

从低价思维转向情感思维

案例：Roseonly

Roseonly 以价格昂贵著称，它宣称只能送你一个注册的特定对象。Roseonly 一推出就广受欢迎，分析认为：

卖的不是花，是承诺。
卖的不是 Rose，是 Only。

中国 2000 年开始兴起互联网，这部分人主要是"70 后"和"80 后"。

全球 2010 年开始兴起移动互联网，这部分人主要是"90 后"。现在面对的主要消费群体是移动互联网长大的"90 后"——熊孩子当家了！

"90 后"的价值主张发生变化，物美价廉不再是关注的重点，产品的情感导向替代了价格。所以，新创企业在设置商业模式之前要想清楚客户的这些价值变化。

从客户思维转向社群思维

以往的商业模式都是先有交易再有客户；今天的商业模式是先有社群再有客户。所以，要重视社群管理。

案例：伏牛堂社群管理规则

1. 红宝书：精神标签

你要有一个价值观，吸引你想吸引的客户群。

2. 工具与枪杆子：动员人民群众的不二法宝

比如，微信群，一个群不要超过100个人，两周至少组织一次活动等，把具体的规则和方法给到志愿者，相当于发枪，发了枪，有了主义，人民群众就会动员起来。

3. 拜物教or人格体：两者必居其一

在这个过程中，你还需要一个人格载体、精神领袖。每个社群都需要一个这样的载体，比如爆品会的金老师、伏牛堂的我自己。

4. 半中心化，半自组织

最好的社群运营，就是半中心化，半自组织。你规定一些基本的原则、基本的边界，在边界内，鼓励大家。

——摘自伏牛堂张天一的演讲

在碎片化时间中，实时在线与沟通成为常态，粉丝、粉丝经济、移动社群等概念正在成为新一波热点。

1. 多大的社群人数合适

英国牛津大学罗宾·邓巴（Robin Dunbar）教授提出过"150"定律。邓巴根据猿猴的智力与社交网络推断出：人类智力将允许一个人拥有稳定社交网络的人数是148人，四舍五入大约是150人。而精确、深入跟踪的人数为20人左右。该定律认为，这是由人的大脑新皮层的应对能力决定的。过量的人和信息，低效的传播，对于自己需求的信息获取成本会变得越来越高。

2. 一个社群由哪些角色构成

美国数字营销专家Lave和Wenger依据网络社群中"居民"的参与度及变化，将社群成员分为以下5种人：

（1）外围的（潜水的）(lurker)：外围的用户，松散地参与；

（2）入门（新手）(novice)：应邀新来的用户，朝着积极参与分享努力；

（3）熟悉内情的（常客）(regular)：非常坚定的社群从业者；

（4）成长（领导）(leader)：支撑用户参与，互动管理；

（5）出走（资格老人）(elder)：因为新的关系、定位或其他原因而逐步离开网络社群。

3. 如何将粉丝转化为经济

粉丝经济的本质其实是C2B经济，也就是按需供给或以销定产，产品还没正式上市就已经开始接受用户预订，并且企业产品的设计越来越多来源于用户直接的需求汇总。将粉丝转化为经济要把握：（1）保证资源稀缺性；（2）保持决策参与感；（3）增强社群认同感。

从产品思维转向解决方案思维

案例：Orica

澳大利亚技术集团 Orica 公司以前是炸药生产商，靠出售炸药作为商业模式。现在，公司通过搜集爆炸的数据，从而为客户选择正确的炸药量和爆炸方法。如今，Orica 公司不只是销售炸药，还根据客户要求提供碎石解决方案。

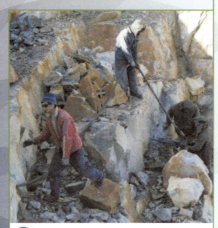

对于客户价值的认知，有一个历史发展的过程。从最初物美价廉的产品和服务到客户流程中的解决方案，是一个逐步接近客户最真实需求的渐进过程。

从产品驱动型的商业模式，转到服务与解决方案驱动型的商业模式，这是未来的趋势。

👉 从 B2C 思维转向 C2B 思维

个性化是客户真实的需求,要求企业生产要从 B2C 转向 C2B,核心是平衡大规模生产带来的低成本优势和低成本生产带来的柔性优势。

案例:红领的大规模定制

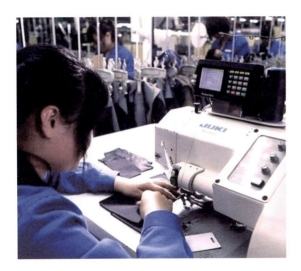

在服装企业饱受高库存煎熬的今天,红领集团今年却实现了 150% 以上的同比增长。这个漂亮数据的背后,是这家企业独特的互联网模式:耗费 10 年打造的大规模定制模式,颠覆所有对制造业的传统认识。在过去 10 多年,红领积累了超过 200 万名顾客个性化定制的版型数据,包括版型、款式、工艺和设计数据,西装数据建模打版过程涉及很多细节,一个数据的变化会同时驱动 9 666 个数据的同步变化。

红领集团的车间里已经没有裁缝和打版师傅,更没有人对缝制手艺进行实时指导,但流水线上的每一个工人都在缝制着不同的衣服,款式各不相同,而且井然有序。从下单到生产出来,每件衣服只需要 7 天的时间,2 周之内就能寄到下单人的手中。这一整套体系的背后,就是红领 IT 部门自己研发的智能生产管理系统。

红领 IT 部门有 30 人,分为电商、软件开发、运维和硬件维护四个小组。其中,电商组的 10 位员工开发并运营着红领自己的电子商务平台,红领倡导以 C2M 的商业模式定制服装,即工厂根据顾客所下的个性化订单进行生产,这个平台就是红领接触顾客的最前端。软件开发组负责的智能化生产管理系统则根据前端网站,将红领的生产自动化配比到最优。

当顾客在电子商务网站上填写或选择自己的量体信息、特体信息和款式工艺信息等数据后,电商平台后台的智能生产管理系统就会根据顾客提交的数据,自动化地对比 CAD 规格表、衣片等数据,输出顾客的尺码、规格号、衣片、排料图、生产工艺指导书以及订单 BOM 等标准化信息,把个性化的信息变成标准化数据。与此同时,网页上会展示给顾客一个 3D 模型,通过模型顾客可以立体、细致地观察款式、颜色、细节设计、布料材质等。

在此之后,智能化生产管理系统把这套衣服在设计过程中的每一个制作点拆分出来,同时分配到每一位工人,比如缝制袖子和衣领的工人可以分别接到顾客对袖子和衣领的不同设计要求与不同工艺指导书,独立完成。最终一件由多位工人分别制成的服装在拼接缝制后,通过快递在 7 天之内寄到全球顾客的手中。

👉 从生产思维转向平台思维

案例：e袋洗的社区平台梦想

e袋洗的前身是1990年成立的荣昌连锁洗衣店，鉴于传统洗衣店加盟连锁的重资产和无法管控等缺点，荣昌一直在思考"互联网+"。e袋洗在成立之初，就全面分析了传统洗衣店取件送件麻烦、清洗不够干净等用户痛点，它们提出了"按袋付费"的经营思路：送用户一个帆布袋，装多少衣服都是99元洗一袋。用户也可自行选择按件清洗，所有服务都是在App上快速下单完成。e袋洗上门收衣送衣，免运费，48分钟内取衣，72小时内送回。截至2015年7月，e袋洗已拥有400万用户，服务覆盖了16个城市。e袋洗CEO陆文勇说，"到2015年年底，e袋洗的服务将覆盖50个城市"。相对于众多生活服务O2O平台以免费方式获取流量的路径，e袋洗通过与洗衣店之间的分成模式实现现金流收入。据介绍，e袋洗和洗衣店之间实行大约五五分成的模式，洗衣店服务洗衣业务，物流等成本则由e袋洗平台承担。

2016年，e袋洗的年度目标是成为中国最大的洗涤平台，让大家有洗衣、洗鞋、家纺清洗、奢侈品养护等需求时想到e袋洗。实现这一目标之后，我们相当于和家庭用户产生了一个连接，之后会考虑能不能做一些服务家庭用户、与分享经济相关的事情。无疑，e袋洗选择了与小米手机类似的发展路径：以单品带体系。小米在打造了小米手机这一爆品后，开始推出电视、路由器、空气净化器等诸多产品；e袋洗则希望在将洗衣业务打造成爆品之后，推出更多的家庭服务品类。

"我们未来的构想是通过我们未来的单品，真正把整个体系串起来，最终做一个家庭服务平台。"陆文勇在正和岛的分享中透露，e袋洗将重点运营家庭服务中的2～3个重点品类，其他品类的服务通过投资孵化与外部合作等方式布局，最终实现提供家庭生活场景下80%服务的目标。

快速下单

上门取送

按袋收费

专业清洗

e袋洗社区平台商业模式

重要伙伴	关键业务	价值主张	客户关系	客户细分
百度 社区收衣点 伊尔萨干洗店	融资 干洗业务 招募洗衣点	便宜：1袋99 便捷：上门 娱乐：袋王	袋王 活动	年轻白领
	核心资源 线下优势 线上营销 平台业务		渠道通路 微信	

成本结构	收入来源
运营成本 营销成本	储值卡 平台管理费 广告

从有偿思维转向免费思维

案例：彩生活的免费物业管理理念

彩生活总经理唐学斌认为，传统的物业管理就是"三保"——保洁、保修、保安，而实际上，小区居民的生活需求才是物业管理的内容，物业管理应该从管理转向服务，进行资源整合，满足居民的各种需求。如果增值服务做得好，物业管理的费用就可以越来越低，甚至可能"零费用"。2012年6月，彩生活推出了社区服务网站。2013年又推出了一个名为彩之云的App，这标志着彩生活打造的社区服务平台正式成型。彩之云的核心是具有入口概念的服务，如缴费、投诉、维修、租房、装修等，这些都是用户必然会和彩生活发生连接的服务。同时，还有与用户生活紧密相关的服务，如微商圈、便民服务等。随着时间的推移，彩之云提供的服务也越来越丰富。例如，在2014年增加了理财板块，并与嘿客、京东、海外直购网站等建立了合作。在2015年，增加了"邻里"模块。通过"邻里"，同一小区的用户可以互相交流，还可以按照不同兴趣加入不同的圈子，从而重温街坊邻居的温情。另外，通过打造社区服务平台，彩生活的基础服务也进一步互联网化（缴费、投诉、维修等）。这不仅提高了效率，还降低了彩生活的成本，特别是占大头的人工成本。在2014年，彩生活的总收入为3.89亿元。其中，增值服务收入占16.8%，但其毛利率要高于其他两个板块，是净利润的重要来源。

彩生活的社区O2O（online to offline，线上线下营销）服务是把互联网思维融入传统物业服务，完全颠覆传统物业的商业模式。通过智能社区对内服务可升级当前传统物业，打造智能物业管理平台，进而进入智能家庭管理、智能家居等领域，从而渗透进入房地产开发环节，更加符合用户需求的商品房会刺激房地产的销售；对外服务可打造社区内一站式生活服务解决方案，形成基于社区最后一公里的O2O闭环，通过智能社区平台来整合周边商户，从而刺激商业地产的销售和租赁。

免费式商业模式种类

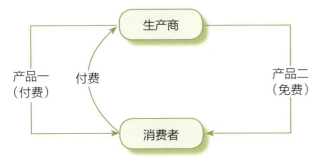

模式一：直接交叉补贴

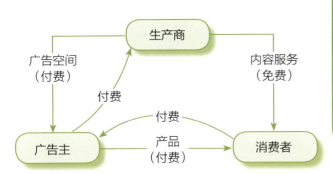

模式二：三方市场

免费不等于不赚钱。

在克里斯·安德森（Chris Anderson）的《免费：商业的未来》中，为目前市面上流行的免费模式建立了四种模型，分别是直接交叉补贴、三方市场、免费加收费模式和非货币市场模式。

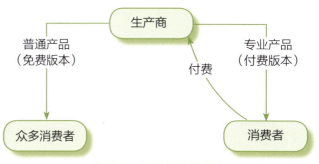

模式三：免费加收费模式

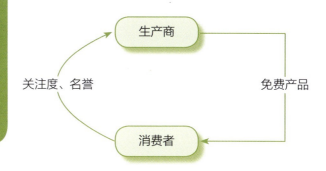

模式四：非货币市场模式

去掉中间成本思维

案例：PPG 的即时响应

在消费者选购一款产品后，信息中心 **1** 小时内就向采购部门发出指令，材料会在 **24** 小时内送到加工厂，产品在 **96** 小时内会被送到仓库等待打包发放。

PPG 年历

2005 年 10 月 PPG 成立，走的是去掉中间成本的电商轻模式（3 个仓库，7 家供货商，电话 + 网站，呼叫中心 + 后台信息系统）。

2007 年，PPG 迅速跻身国内衬衫市场的前三甲，年营业额 10 亿元，每天销售 1.3 万件，势头直逼雅戈尔。截至 2007 年，已获得两轮风险投资。

2007 年下半年起，竞争加剧，Vancl 和 BONO 等出现。

2008 年，PPG 与广告商和供货商的债务矛盾激化，同年年底 PPG 总裁李亮携款 2 000 万元到美国。

2010 年 1 月，PPG 被上海地方法院冻结，宣布关闭。

尽管 PPG 倒闭了，但是它的直销模式和去掉中间成本的思维仍然值得学习。

问题：PPG 倒在哪儿？

其他商业模式类型

 类型总览

	非绑定式商业模式	长尾式商业模式	多边平台式商业模式	免费式商业模式	开放式商业模式
传统方式	一种包含了基础设施管理、产品创新和客户关系的整合型商业模式	价值主张仅针对大多数有利可图的客户	一种价值主张只针对一个客户细分群体	高价值、高成本的价值主张仅提供给付费客户	研发资源和关键业务都被集中在企业内部
挑战	成本太高，多种相互冲突的企业文化被整合到一个实体中，带来不利的权衡取舍	针对低价值的客户细分群体提供特定价值主张的成本太高	企业无法获得潜在新客户，这些客户感觉的是接触企业现有客户群	高价格挡住了用户	研发成本过高或生产率很低
解决方式	将业务拆分成三种独立但又相互联系的模型来处理：基础设施管理、产品创新、客户关系	针对低价值客户提供新的或附加的价值主张，所产生的累积收入同样可以有利可图	增加"接触"企业现有客户细分群体的价值主张	针对不同的客户细分提供几个含有不同收入来源的价值主张，其中一个是免费的或极低成本的	通过利用外部合作伙伴来提升内部研发资源和业务的效率。内部的研发成果被转化为价值主张，提供给感兴趣的客户细分群体
原理	IT和管理工具的发展允许以更低成本分拆并在不同商业模式中协作	IT和运营管理的发展，允许以低成本来针对数量大的新客户发布量身定制的价值主张	在两个或多个客户群体之间搭建中介运营平台，这些客户细分可以给最初的模型增加收入来源	付费客户群体为免费客户细分群体提供补贴，以便最大限度地吸引客户	从外部资源获取研发成果的成本会更小，并且可以缩短上市时间。未被利用的创新在出售给外部后可能会带来更多潜在的收入

资料来源：亚历山大·奥斯特瓦德，伊夫·皮尼厄. 商业模式新生代[M]. 黄涛，郁婧婧，译. 北京：机械工业出版社，2011.

7.5 怎样应对商业模式陷阱

商业模式陷阱	表现特征	克服方法
商业模式等同于盈利模式	认为商业模式就是赚钱	完整的商业模式要讲清楚价值发现，价值创造和价值占有问题，要从企业价值系统完整认识，赚钱仅仅是价值占有问题。
不会使用商业模式画布	在日常创业中不能灵活使用创业画布	先弄懂商业模式九要素以及九要素之间的关系，还要理解某一要素的变动会影响其他要素的变化，商业模式设计就是要寻找一个满意的结果而不是最优的结果。
商业模式创新不够	认为市场有的商业模式才是靠谱的，不敢在商业模式上做出更多的变化	大胆创新。比如在价值发现上，要更多关注个性化、最终解决方案等新的客户价值；在价值创造上，要更多关注C2B；在价值占有上，要学习和应用免费商业模式。

1　创业认识陷阱
2　创业决策陷阱
3　创业情境陷阱
4　创业方法陷阱
5　创业机会陷阱
6　创业计划陷阱
7　商业模式陷阱
8　创业团队陷阱
9　创业融资陷阱
10　创业法律陷阱
11　企业成长陷阱
12　社会创业陷阱

第8章　创业团队

学习地图

什么是创业团队　　创业团队需要哪些角色　　如何组建创业团队　　如何管理创业团队　　怎样应对团队陷阱

创业机会开发过程中的另一件事情就是组建团队,如何组建一个优秀的团队将是每个创业者面临的最大挑战。大量研究表明,创业团队在创建新企业的过程中起着非常关键的作用。美国德雷珀·约翰逊投资公司的合伙人之一威廉·德雷珀的投资理念是"投资就是投人"。他相信,如果你选对了人,"他会使你摆脱不良业务、低劣的产品和服务,把你带到较好的处境中"。但是,如果选错了人,即使有个好主意也会一事无成,反而只会错误百出。正是因为创业团队对创业成败具有某种决定性的作用,所以不论是风险投资者还是创业者,都对此问题高度关注。接下来,本章将探讨与创业团队相关的问题。

8.1 什么是创业团队

创业团队是指在创业初期（包括企业成立前和成立早期），由一群才能互补、责任共担、愿为共同的创业目标而奋斗的人所组成的特殊群体。通常，创业团队由四大要素组成：

01 目标
目标是将人们的努力凝聚起来的重要要素，从本质上说创业团队的根本目标就在于创造新价值。

02 人员
任何计划的实施最终还是要落实到人的身上去。作为知识的载体，人所拥有的知识对创业团队的贡献程度将决定企业在市场中的命运。

03 角色
明确各人在新创企业中担任的职务和承担的责任。

04 计划
制订成员在不同阶段分别要做哪些工作以及怎样做的指导计划。

团队的重要性是毋庸置疑的！

- 组建一个有能力、有经验的创业团队能够帮助我们克服新创弱性（liability of newness）。新企业具有高失败率，失败率很大原因在于学者所称的新创弱性，表现为：
    - 企业创建者不能很快适应他们的新角色。
    - 企业缺乏有关顾客或供应商的"记录"。

- 由团队创建的新企业要比由个人创建的新企业更有优势，尤其是异质性的团队，他们在能力和经验方面彼此不同：
    - 因为团队可以为新创企业带来才能、创意和资源。
    - 团队为新创企业带来了社会网络和专业网络。
    - 团队成员彼此的心理支持也是新创企业成功的重要因素。

创业团队和一般团队的区别

	一般团队	创业团队
目的	解决某类或某具体问题	开创新企业或拓展新事业
职位层级	成员并不局限于高层管理者	成员处于高层管理者的职位
权益分享	并不必然拥有股份	一般情况下在企业中拥有股份
组织依据	为解决特定问题临时组建	基于工作原因而经常一起共事
影响范围	只影响局部、任务性的问题	影响决策的各个层面，范围广
关注视角	战术性、执行性的问题	战略性的决策问题
领导方式	由公司最高层直接领导	以高层的自主管理为主
成员的组织承诺	较低	高
成员和团队之间的心理契约	不正式且影响力小	心理契约关系特别重要，直接影响公司决策

资料来源：陈忠卫. 创业团队企业家精神的动态性研究 [M]. 北京：人民出版社，2007.

创业团队不同于一般团队。创业团队是在企业初创时期建立的，目的在于成功创办新企业，而一般团队的组建只是为了解决某类或者某个特定问题，创业团队相对于其他类型的团队有自己的显著特性。

创业团队和一般团队的区别

01 开创性。 创业团队的目的是开创新的局面,而不是去完成已经被实现过的目标,这往往意味着开发新的技术,开拓新的市场,应用新的经营管理思想,创立新型的组织形式等。

02 组织的变动性。 在创业过程中,创业团队的人员构成和组织架构都经常变动。组织的变动性从短期来看,更多的是会增加创业风险。因为团队资源遭到破坏,创业资本、技术、人才等创业资源的流失。但从长期来看,组织变动不可避免,在变动过程中可能会形成结构更为合理、共同点更多的有力量的创业团队。

03 团队的平等性。 创业团队往往都具有高度的平等性,但是这种平等并不意味着股权和各种权力的绝对平等,而是立足于公正基础上的平等,也就是在团队内部客观评定各个成员对团队贡献程度的基础上的平等性。事实证明,绝对的平等不仅不利于企业的发展,反而会阻碍企业的发展,其原因是权力的过分分散会导致企业在运营过程中机会的丧失。团队需要建立以能力和贡献为基础,以实现组织效率为目标的激励政策和薪酬制度,合理的激励政策和薪酬制度是保持团队稳定和团队绩效的基础,也是团队公正性的体现。

04 能力结构的全面性。 创业团队面对的是不确定的市场环境,机遇和风险都可能在各个方面出现,这就要求创业者需要具备一定的素质,对机遇有较高的敏感性。因而,创业者团队成员的能力应各有所长且能够互补。

05 紧密协作性。 由于创业团队的风险和机遇的可能来自任何方面、任何时间，这就要求创业团队不可能完全通过事先分工把守的方法来进行工作；同时也由于创业团队的个人能力的专擅性和团队成员总体能力的全面性，更要求创业团队的成员紧密协作以应对多种挑战。

06 创业团队成员的高凝聚力和强烈的归属感。 由于创业团队能够最大限度地实现个人价值的追求，一旦成功就意义非凡；同时团队成员之间关系平等密切、合作紧密、创造氛围浓厚，这一切都使创业团队拥有很高的凝聚力，团队成员对创业团队有很强的归属感。这主要体现在团队成员对于团队事物的尽心尽力和全方位的投入上。

> 这些特性是所有创业团队都应该具备的，它既是创业团队建设的目标，也是判断一个创业团队质量和潜力的标准。不仅初创事业的创业者组建创业团队要参考这些标准，即使是在已经十分成功的大公司中组织开创新局面的创业团队也要遵循这些标准。同时，这些特征也有别于其他类型的团队。

8.2 创业团队需要哪些角色

创业团队成员

创业团队的配置，不仅应当看团队成员个人的创业素质，还应该看他们的相互契合程度。

英国团队管理专家贝尔宾（Belbin）观察成功团队发现，每一个团队的组成人员都包含3大类、9种不同的角色。当团队具备了这9种角色时，其组织活动就运行良好。

创业团队角色

角 色	角色描述
智多星	解决难题，富有创造力和想象力，不墨守成规
外交家	外向、热情、健谈，发掘机会，增进联系
协调者	成熟、自信，是称职的主事人，凝聚力量向共同目标努力
鞭策者	能激发人，充满活力，有进取心和克服困难的动力、勇气
监控者	冷静，有战略眼光与识别力，倾向于三思而后行
团队工作者	性格温和，善于交际，防止摩擦，在团队中往往广受欢迎的一类人
执行者	纪律性强，值得信赖，有保守倾向，办事高效利索，把想法变为实际行动
完成者	勤勤恳恳，尽职尽责，积极投入，找出差错与遗漏，准时完成任务
专家	专注于自身专业知识的探索

创业标杆：携程创业团队

梁建章、沈南鹏、季琦和范敏构成的携程创始人团队是中国互联网企业中构成最复杂、职位变动和交接最多的一个，但也是过渡最平滑、传闻最少的一个，他们共同为携程的今天贡献了自己的力量。

在 1999 年约定创业之前，梁建章、沈南鹏、季琦已经是好朋友。三人相约进入旅游业后，就决定要找一个旅游业人士加盟。创业伙伴的起点一定要高，宁缺毋滥，这是三人最初的决定。为此，他们并不拘泥于小节。梁建章、季琦二人遍访上海旅游界能人，最后他们选择了范敏。季琦 1999 年年末第一次去找范敏的时候，"来意不明"的季琦被范敏的秘书挡在门外，坐了几十分钟"冷板凳"。范敏后来说，幸好季琦没因一时之气而离开，否则自己失去了一个机会，携程也可能就不会那么完美了。

携程四人团队在 1999 年创业之时皆人到中年，都已在各自的领域功成名就。四位创始人依据各自的经历大体定下了人事架构。沈南鹏出任 CFO，他此前是德意志银行亚太区总裁。季琦和梁建章相继出任 CEO，前者此前创办了上海协成科技，擅长市场和销售，主外；后者是甲骨文中国区技术总监，擅长 IT 和架构管理，主内。最后一个加入的范敏，此前是上海旅行社总经理和新亚酒店管理公司副总经理，他出任执行副总裁，打理具体旅游业务，而后逐步升任 COO 以及 CEO。在性格方面，季琦有激情、锐意开拓；沈南鹏风风火火，一股老练的投资家做派；而梁建章偏理性，用数字说话，眼光长远；范敏则善于经营，方方面面的关系处理得体。四人特长各异，各掌一端。

范敏打了一个比喻来形容四位创始人的定位："我们要盖楼，季琦有激情、能疏通关系，他就是去拿批文、搞来土地的人；沈南鹏精于融资，他是去找钱的人；梁建章懂 IT、能发掘业务模式，他就去打桩，订出整体框架；而我来自旅游业，善于搅拌水泥和黄沙，制成混凝土去填充这个框架，楼就是这样造出来的。"

问题：你认为，携程四位创始人在团队中分别承担什么角色？

8.3 如何组建创业团队

明确创业目标　　制订创业计划　　招募合适的人员　　职权划分　　团队调整融合

创业团队组建程序

这就需要制订周密的创业计划。创业计划是在对创业的总目标进行具体分解的基础上，以团队为整体来考虑的计划。它确定了在不同的创业阶段需要完成的阶段性目标，通过逐步实现这些阶段性目标来最终实现创业的总目标。

- **招募合适的人员**：招募合适的人员也是创业团队组建最为关键的一步，主要应考虑两个方面。一是互补性，即其能否与其他成员在能力或技术上形成互补。这种互补性的形成，既有助于强化团队成员间彼此的合作，又能保证整个团队的战斗力，更好地发挥团队的作用。**一般而言，创业团队至少需要管理、技术和营销三个方面的人才**。只有这三个方面的人才形成良好的沟通协作关系后，创业团队才可能实现稳定高效。二是适度规模，适度的团队规模是保证团队高效运转的重要条件。团队成员太少则无法实现团队的功能和优势，而过多又可能会产生交流的障碍，团队很可能会分裂成许多较小的团体，进而大大削弱团队的凝聚力。一般认为，创业团队的规模控制在 2～12 人最佳。

- **职权划分**：为了保证团队成员执行创业计划、顺利开展各项工作，必须预先在团队内部进行职权的划分。创业团队的职权划分就是根据执行创业计划的需要，具体确定每个团队成员所要担负的职责以及相应所享有的权限。团队成员之间的职权划分必须明确，既要避免职权的重叠和交叉，也要避免无人承担造成工作上的疏漏。

- **团队的调整融合**：完美组合的创业团队并非在创业一开始就能建立起来，很多时候是在企业创立一定时间以后而随着企业的发展逐步形成的。在团队运作过程中，团队组建时在人员匹配、制度设计、职权划分等方面的不合理之处会逐渐暴露出来，这时就需要对团队进行调整融合。由于问题的暴露需要一个过程，因此团队的调整融合也应是一个动态持续的过程。

创业团队组建原则

 创业团队的高效性

 创业团队的稳定性

- 先前共事过的团队要优于首次合作的团队
- 创始人和权力中心的稳定性很重要

人员互补
匹配原则

计划实际
可行原则

分工职责
明晰原则

目标明确
合理原则

团队动态
调整原则

在组建团队时，VC 看重的团队大多具有以下特征：创业目的、价值观一致，知识业务互补，处事风格互补。

创业标杆：腾讯五虎将

1998年的那个秋天，马化腾与他的同学张志东"合资"注册了深圳腾讯计算机系统有限公司。之后又吸纳了三位股东：曾李青、许晨晔、陈一丹。为避免彼此争夺权力，马化腾在创立腾讯之初就和四个伙伴约定清楚：各展所长、各管一摊。

陈一丹，首席行政官（CAO），持有律师资格证，负责公司行政、法律、政策发展、人力资源以及公益慈善等。他是马化腾在深圳中学的同学。在腾讯内部，陈一丹和马化腾都被认为是性格很稳重的人，考虑事情非常清楚、长远；他们也非常互补，马化腾是产品和技术的佼佼者，会有很多新的点子、新的策略，而陈一丹很快就领会，并从专业角度提醒在实践中应该注意哪些问题，会涉及哪些法律。2013年，陈一丹离开腾讯，从事天使投资。

曾李青，首席运营官（COO），全面负责腾讯集团业务范围及产品种类，同时管理全国各市场推广工作；他是深圳互联网的开拓人物之一。在早期员工看来，曾李青是腾讯5位创始人中最好玩、最开放、最具激情和感召力的一个，也是最早离开腾讯创业的人。

许晨晔，首席信息官（CIO），负责网站财产和社区、客户关系及公共的策略规划与发展工作。之前，他在深圳数据通信局工作。

张志东，首席技术官（CTO），技术天才，兼任执行董事，全面负责腾讯集团专有技术的开发工作，包括基本即时通信平台和大型网上应用系统的开发。

创业团队契合度

创业团队契合度可以作为组建团队的一个量化标准，它由创业目的、价值观念、知识结构和个性所构成，可以通过设计调查问卷进行评估。

1. 创业目的

    ①加入创业团队，我最希望得到的是丰厚的物质报酬。

    ②创业的价值在于可以有一份事业，为之忙碌，充实生活。

    ③创业者不必为他人打工，可以得到更高的社会地位。

    ④创业是一个施展抱负的舞台，可以激发自己的兴趣和能力。

    ⑤创业也是对社会的一份责任，不仅仅是个人的事情。

2. 价值观念

    ①企业的责任在于为顾客提供优质的产品和服务。

    ②企业应该重视员工的福利和发展。

    ③企业应该具有一定的社会责任感。

    ④企业的本质在于盈利，只有盈利的企业才是成功的。

3. 知识结构

    ①我在专业技术方面是专家，研究能力强且拥有相当深厚的行业背景。

    ②我比较擅长统筹规划，领导经验丰富。

    ③我拥有出色的市场敏锐度，善于把握商机。

    ④我喜欢与人打交道，沟通能力强。

4. 个性

    ①我认为，人可以控制自己的命运，并愿意接受任何挑战。

    ②我是个自信的人，倾向于说服别人同意自己的观点。

    ③我不太善于控制自己的情绪，喜欢随心所欲。

    ④我喜欢新鲜的事物与热闹的地方，讨厌一成不变。

    ⑤我不喜欢与人争辩，宁可为此放弃某些利益。

    ⑥我倾向于沉浸在自己的世界中，不愿被人打扰。

    ⑦我擅长深入的思考与分析，并以此为乐。

    ⑧我通常保持平静而良好的心境，能理智地处理大部分事宜。

读问题与选项，并为每个选项打分（1~5分，分别表示"不赞同——十分赞同"的程度变化）。
让每位成员独立完成问卷，将他们的得分记录在记分表上，求出需要的统计数据，例如均值 U 和方差 E。

		成员1	成员2	成员3	均值U	方差E	总分
（一）创业目的	1						
	2						
	3						
	4						
	5						

		成员1	成员2	成员3	均值U	方差E	总分
（二）价值理念	1						
	2						
	3						
	4						

		成员1	成员2	成员3	均值U	方差E	总分
（三）知识结构	1						
	2						
	3						
	4						

		成员1	两项总分	类型	成员2	两项总分	类型	总分
（四）个性	1							
	2							
	3							
	4							
	5							
	6							
	7							
	8							

创业团队契合度计算公式

每一大部分都有一个总分（以下简称 S），这是形成最终测评结果的基础。它的计算方法每部分不同，具体为：

第一部分：$S_1 = (U_1 + U_2 + U_3 + U_4 + U_5)/5 + 1 - (E_1 + E_2 + E_3 + E_4 + E_5)/5$

第二部分：$S_2 = (U_1 + U_2 + U_3 + U_4)/4 + 1 - (E_1 + E_2 + E_3 + E_4)/4$

第三部分：$S_3 = (U_1 + U_2 + U_3 + U_4)/4 + 1 - (E_1 + E_2 + E_3 + E_4)/4$

第四部分：先将1与2（胆汁型），3与4（多血型），5与6（抑郁型），7与8（黏液型）各自两项的积分写入"两项总分"，四者中取最高作为最终定型，填入"类型"。

一致类型的人数/总人数+4

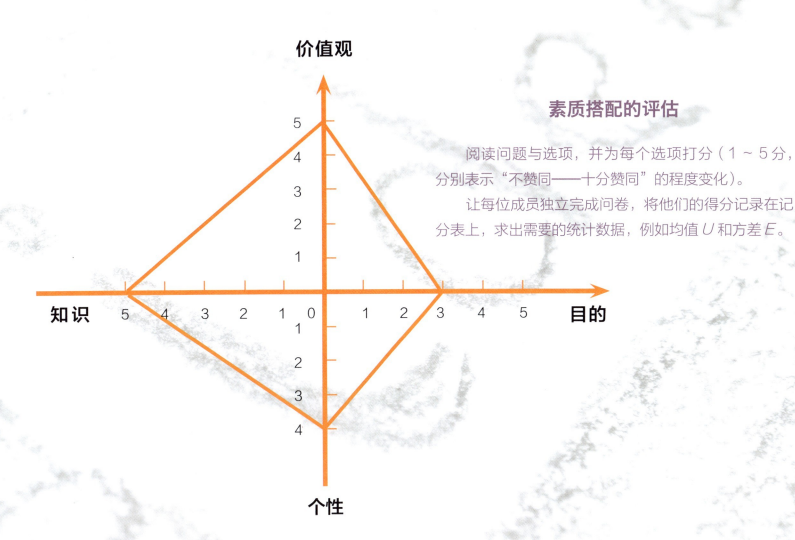

素质搭配的评估

阅读问题与选项,并为每个选项打分(1~5分,分别表示"不赞同——十分赞同"的程度变化)。

让每位成员独立完成问卷,将他们的得分记录在记分表上,求出需要的统计数据,例如均值 U 和方差 E。

创业团队组建流程

 首先是关于创始人／创建者

创始人／创建者往往是发起原始创意，发现问题并首先提出想法的人。

- 企业创建者的特征及其早期决策，会对新创企业团队所形成的风格产生重要影响。
- 创建者的知识、技术和经验是创业企业在初创阶段所具有的最有价值资源，受到以下因素影响：
  ◇ 创建者的受教育水平
    通过大学教育可以提高包括研究能力、洞察力、创造力和计算机技术在内的创业能力。
  ◇ 前期创业经验
    创建者熟悉创业过程，能够避免一些昂贵的错误。
  ◇ 相关的产业经验
    关系网络、市场和管理技能。
  ◇ 成熟的社会和职业关系网络
    有助于筹集资本或获取关键资源。

 一旦创业者决定创办一家新企业，就要开始雇用核心员工

- 对新企业来说，在什么时候需要招募核心员工，需要依据新企业的具体情况而定。
- 在有些情况下，创建者个人要先工作一段时间，直到商业计划完成和企业初具雏形后再招募员工。
- 有助于识别新企业招募需求的技术之一就是设计技能目录清单，这是描述最需要的技能是什么以及还缺少哪些技能的表格。
- 当然，对新企业来说如何留住核心员工也是个问题：

区分核心员工和离不开的通用人才
  ◇ 离不开的人才多给钱（财务、行政等人手）
  ◇ 让核心员工跟着公司成长
    高成长公司如果薪水和奖金不高，就通过发期权或股权来留住人才。但是，要注意发放的时间段和数量：如果发得太早，股权和期权兑现遥遥无期，有等于没有；如果发得太少，也起不到留人的作用。
  ◇ 不存在挽留不了的人才，只存在代价的大小和诚意的深浅！

还可以去挖别人的核心团队成员

👉 董事会也发挥着重要作用

- 董事会是由公司股东选举产生以监督企业经营管理的个人小组，一般由内部董事和外部董事构成：
  - ◇ 内部董事在企业中任职
  - ◇ 外部董事则不在企业中工作
- 董事会有 3 项基本职责：
  - ◇ 任命企业的高级管理人员（核心管理者）
  - ◇ 公布红利
  - ◇ 监督公司重大事件
- 董事会通常以不同方式来帮助新企业。

方式	作用
提供指导	虽然董事会具有正式的治理职责，但是董事会所发挥的最大作用还是为企业管理者提供指导和支持
提高资信	具有较高知名度和地位的董事会成员，会为企业带来直接的资信提高

初创企业设立董事会，需要考虑哪些问题

什么时候需要设立董事会？

在创立企业的时候，就应该设立董事会。对大多数初创企业来说，创始人通常会先委任自己为董事会成员，然后随着企业发展壮大，再慢慢地增加董事会成员数量。

应该邀请哪些人加入董事会？

董事会负责为企业做出最终的关键决策，因而要确保企业未来的许多重要决策是由那些对这个行业领域有着丰富经验的聪明人来做出。许多企业会约定俗成地选择将董事会成员数量保持为奇数，这样可以避免双方票数持平而使决议无法通过。有些时候，如果企业董事会成员已经过多，或者投资金额虽然不小，但仍没达到可以提供董事会席位的金额时，企业可能会让投资者来担任企业"观察员"。"观察员"可以出席企业董事会会议，但是他们并没有正式的投票权。

董事会多久召开一次？

对初创企业来说，通常每季度召开一次董事会会议。在每个季度初期的董事会议上，董事会成员将到场来共同审查上一季度的企业业绩。

如何开好董事会？

别让你的董事会变成读书会，创业者应该在5页纸的长度将你的财务报告说清楚。其中，应该包含损益报告、现金流投放计划、收支表，以及一系列所达成的目标和碰到的问题。应该花尽量少的时间在这些事情的陈述上，花大量的时间在如何改善和解决这些问题上。当你需要宣布坏消息时，你应该提前独自找各个董事会成员进行沟通，描述清楚是怎样一个情况，然后客气地咨询解决方案。

如果在投资者进来之后，创始人还想保持着对公司的控制

在投资者进来后，如果创始人仍然保持控制权，可以保持三人董事会架构，两个创始董事，或者可以扩大到五人，投资者占有一两席，创始人控制剩下的席位。当一家公司从创始人控制走向投资者控制时，独立董事在这个时候出现是最好的。因为一个被投资者控制的董事会通常只关心利益诉求，只关心他们能够赚或损失的钱。

案例：Twitter 董事会变化

| 第一年

一个投资董事和两位创始人

| 第二年

两位投资董事、两位创始人和一位创始成员

| 第三年

三位投资人、两位创始人和两位高级管理层

| 第四年

三位投资人、两位创始人、CEO 和三位独立董事

在不同的财务期，Twitter 董事会的改变相应发生

 除了团队自身成员，**专业顾问**也能起到完善团队的作用

顾问委员会

贷款者和投资者　　　　其他专家

- 顾问委员会是企业经理在经营过程中向其咨询并能得到建议的专家小组。
- 与董事会不同，顾问委员会对企业不承担法定责任，只提供不具约束性的建议。
- 组建顾问委员会的目的，既可以是出于一般意义，也可以是为了满足特定主题或需要。
- 与董事会一样，除了提供指导和建议外还能提高资信。

寻找顾问委员会成员应当遵循一些原则

01 不是用来自我炫耀的。如果顾问们不能在公司的发展和成长中发挥重要作用，他们的希望就会破灭。

02 公司所寻找的顾问委员会成员，在经验和技能方面应当是相互协调和彼此补充的。

03 应该签署保密协议。

 还有贷款者、投资者和咨询师

- 贷款者和投资者对他们所投资的企业有既得利益，这通常会致使他们全力以赴地帮助所资助的企业。
- 与其他创业团队的非企业成员一样，贷款者和投资者能够为企业提供有用的指导和资信，并承担财务监管的作用。
- 当然，他们也能提供很多财务方面的建议（如薪酬结构）等。

投资者增加新创企业价值的方式可以总结为：

- 帮助识别和招募核心管理人员
- 帮助完善商业模式
- 提供接近其他资本来源的途径
- 吸引消费者
- 帮助平息和稳定许多新创团队都会经历的波动
  对于企业打算进入的市场和产业，提供洞察和见解
- 作为新创意的宣传者
- 在企业董事会或顾问委员会任职
- 帮助企业建立商业合作关系
  咨询师是指提供专业或专门建议的个人。

咨询师有两类：

- 付费咨询师
- 通过非营利机构或政府机构得到的免费咨询师或费用有优惠的咨询师

8.4 如何管理创业团队

在管理创业团队时需要考虑一些潜在的风险因素

- 创业团队的股权问题
- 创业团队的冲突问题
- 创业团队的激励问题
- 创业团队的精神传承

股权平分的问题

A，B，C，D 四个好哥们儿，或同事或同学，在相互欣赏和多次研讨后，决定不再浪费自己的年轻时光，创办一家公司，好好燃烧一下自己的青春。几个人也没有经验，就平分股份和利益。公司发展速度很快，态势也很好。

问题就来了。

有的兄弟觉得差不多了，该歇歇了，就更多地开始关注生活，自身的进步就放缓了。有的兄弟觉得事业刚起步，广阔天地大有作为，自己非常拼命和努力。矛盾随之而来，有人希望坐享其成，有人希望更加拼命和努力，互相指责和不理解在所难免。

最可能的结局就是努力的人带一帮兄弟出走。

讨论：创业团队股权分配问题

创业者 A，他的创业伙伴 B；A 只能出资 15 万元，B 出资 30 万元。

A 准备辞掉手头工作全职投入创业，负责公司的销售。手头有客户资源，已经拿到约 800 万元的合同订单。A 会从公司领 8 万元的年薪。

B 在国有企业上班，在创业前两年不想加入创业企业，不拿工资，但会提供技术支持。另外，B 已经说服他的朋友 C，同意为公司投资 200 万元。B 说，他还可以为公司拉到后续融资。B 自己手头还经营着一家教育培训公司，他不想把这块业务装进创业企业。

股权分配问题，本质上是"谁是老大"的问题。这是创业企业早晚都会遭遇的问题。

A 对创业企业投入的资源有全职工作、客户资源、市场销售与出资。

B 对创业企业投入的资源有技术、出资与拉融资。

创业企业所需的团队、技术、销售与资金，A 和 B 两人看起来似乎都搞定了，也能互补。但是，互相都很难敬服对方为老大。

如何分配股权？
B 想当大股东，占股 50% 以上。A 的想法是，公司作价 1 000 万元。投资人 C 的 200 万元占 20%，A 和 B 各占 40%。
你们有什么建议？

可能的解决方案

首先，外部投资人 C 的持股比例问题。这取决于投资人对创业项目的估值。

其次，A 与 B 的持股比例问题。核心问题是如何估值你们双方投入创业企业的资源。

最后，稍微说明下的是：如果核心成员不全职参与创业，其他成员全职参与创业却利益不匹配，将来会有纠纷隐患。

总的原则很简单，**谁是公司除创始人之外最重要的人？谁最重要，谁就拿最多的股份。**如果该公司是产品驱动型的，工程师或产品经理就应该拿最多的股份。如果该公司是业务驱动型的，销售合伙人就应该拿最多的股份。如果该公司是烧钱型的，投资者就应该拿相对多的股份。

创业团队的冲突管理

创业团队的成员在创业过程中总会发生矛盾，总的来说，由此引发的冲突可以分成：

✓ **认知性冲突**
- 团队成员对有关企业生产经营管理过程中出现的与问题相关的意见、观点和看法所形成的不一致。
- 一般情况下，认知性冲突将有助于改善团队决策质量和提高组织绩效。认知性冲突能够促进决策本身在团队成员中的接受程度。

✓ **情感性冲突**
- 人格化、关系到个人导向的不一致。
- 情感性冲突会阻止人们参与到影响团队有效性的关键性活动，团队成员普遍不愿意就问题背后的假设进行探讨，从而降低了团队绩效。

> 在创业中，发生冲突几乎是必然的。发生冲突的原因有很多：员工个性差异、信息沟通不畅、利益分配不均以及个人价值观与企业价值观不协调等。过多的冲突会破坏组织功能，过少的冲突则会使组织僵化，而不同的冲突对企业发展来说影响也会不同。据研究表明，在创业企业中，适当的认知性冲突对企业绩效对产生正面的影响，而情感性冲突大都是负面的影响，因此有必要对冲突进行科学有效的管理。

处理团队冲突

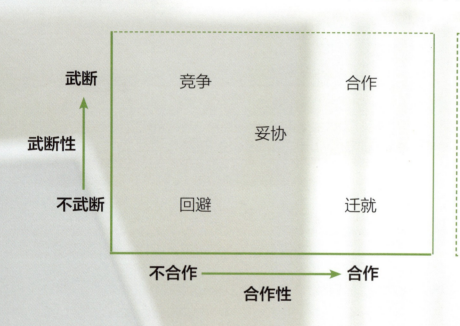

托马斯—基尔曼模型
- 按武断性程度和合作性程度可以画出一个矩阵（见左图）。
- 可以看出，处理团队冲突有五种方式：竞争、合作、回避、迁就和妥协。合作的方式无疑是解决冲突的最好办法。

创业陷阱：红孩子"兄弟义气"埋下隐患

创业公司获得风险投资人的青睐无疑是获得认同的可喜一步，但公司创始人之间以及投资人和公司管理层的关系也变得更加复杂。投资人和管理层之间存在矛盾冲突，以及创始人内部的股权分配失衡，均会增加创业企业的不确定性，母婴用品起家的电商红孩子就是一个典型代表。

徐沛欣、李阳、杨涛和马建阳几个好兄弟一起创办了红孩子，形成了CEO+3的管理格局，四人性格互补，徐、李、杨、马四人组成的红孩子核心团队的协同作战能力也成为风险投资人相信红孩子的一个重要条件。在引入多轮融资之后，从2006年开始，红孩子创始人之间的矛盾开始萌发。在获得风险投资后，徐沛欣的话语权逐步增强。此时，李阳、徐沛欣的战略分歧也在日益凸显。是继续专注于母婴用品市场，还是引入化妆品、3C（China Compulsory Certification，中国强制性产品认证）等品类做综合B2C（business to customer）？李阳坚持前者，而徐沛欣坚持后者。

在二人矛盾无法调和后，风险投资人支持徐沛欣，杨涛也选择站在徐沛欣一边，董事会决定让李阳及妻子王爽离开。另外两位创始人也因为内部原因而离开后，创始人团队只剩下被认为代表资本意志的徐沛欣。2012年9月，苏宁宣布以6 600万美元收购红孩子，红孩子变成苏宁的母婴频道。

资料来源：腾讯科技频道.教训：互联网创业必须避免的八大误区 [M].北京：机械工业出版社，2014.

创业陷阱：新东方"三驾马车"

自1996年先后从国外回来参加新东方之后，徐小平和王强一直都希望俞敏洪变成一个"正确朋友"——从善如流、忍耐、伟大。"你不仅要成为柳传志，还要成为蔡元培。"这是王强回国之前对俞敏洪提出的期望。徐小平与王强分别提起范冰冰说过的一句话："能经受多大诋毁，就要承受多大批评。"而他们指向的对象俞敏洪却是个自称对演艺明星毫无兴趣的人。这种反差无处不在。他们分别多次强调自己批评的正当性与必要性，用徐小平的话说，批评建议"我会发很多条短信反复说，那些把他折磨死的建议，我连续几年一如既往地提"。

沉默寡言、"从没爆发过"的俞敏洪，努力在言辞中淡化这种苦恼："我对人的批评很快就会忘掉，也没有多么严厉的批评，大不了就是他们天天骂我土鳖，农民意识，完全没有眼光。对一个企业管理者来说，这应该是算比较严重的。"他也会流露出一丝懊恼，"把朋友请回来，本来是想一起干事业的，结果弄回来以后事业都干不成了，还天天吵架"。"可能老俞的痛苦就在于此，他始终无法建立起绝对的领导权。"王强说。

提示问题：
他们三人之间的冲突是否有助于企业的发展？

另外一个问题是：如何合理地激励创业团队？

创业者在创业过程中始终都需要考虑的一个问题是：如何更合理地激励创业团队？这是创业团队成员极为关注的话题，毕竟取得合理的收益是创业收获的具体表征。能否解决好这个问题直接关系到创业企业的存亡。

绩效评价

在考虑创业团队激励和制定相应报酬的时候，需要对各团队成员贡献大小进行衡量。而各成员的贡献在性质、程度和时机上都会因人而异，所以进行绩效评价时可以重点考虑这些方面：

- 创业思路
- 商业计划准备
- 敬业精神和风险
- 工作技能、经验、业绩记录或社会关系
- 岗位职责

物质报酬和精神激励

- 经济报酬
  股票、薪金和补贴
- 非经济报酬
  技能、声誉

新创企业的薪酬制度应该能够激发并促进管理团队的积极性，使他们更好地把握企业的商业机会。它必须贯穿于建立团队、增强创业氛围和培养团队有效性的整个过程中。能否吸引到高素质的团队成员并留住他们，这在很大程度上取决于给予他们的物质报酬和精神激励。

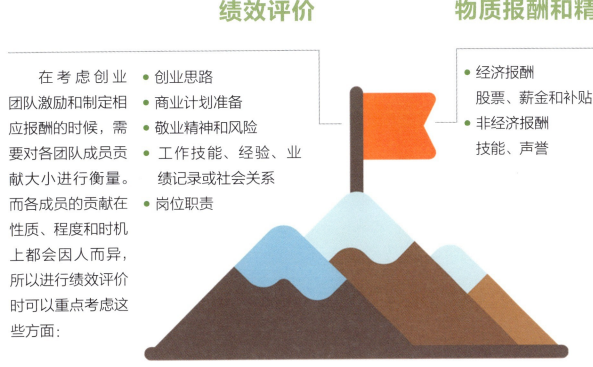

团队企业家精神的传承

创业团队的企业家精神并非将创业团队内部的每一位成员看成个体意义上的企业家,而是看成集体意义上的企业家。通过分享认知与合作行动的方式,创业团队创造性地识别、开发和利用创业机会,进而实现创建新企业和推动企业成长的管理活动。

- ✓ 集体创新
- ✓ 分享认知
- ✓ 共担风险
- ✓ 协作进取

创业团队的企业家精神可以从四个方面加以衡量

01 集体创新

创新是企业家精神的内核。具有集体创新意识的创业团队成员能够积极地参与到共同分析创业机会、共同探讨创业资源获取、共同研究化解企业成长危机的创造性方案中,来寻求快速成长。

02 分享认知

相对于个体创业来说,采用团队方式可以极大地提高对创业机会的认知水平。

03 共担风险

高风险往往与创业高收益相伴随。个体创业者需要独自面对外部不确定性,而创业团队对风险不确定性的感知可以由团队成员共同完成,以减缓由个体成员独自承担风险所带来的巨大精神压力和经济损失压力。

04 协作进取

只有那些创业团队内成员不但能够认识到在一定范围内坚持自治原则的重要性,而且还能够充分相信采用协作方式以更好地实现自我价值的创业团队,才称得上真正的创业团队企业家精神。

企业家精神的传承路径

创业团队的企业家精神传承沿着两条不同的路径进行：

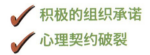
- 积极的组织承诺
- 心理契约破裂

1. 积极的组织承诺

当创业团队成员得到了一种内在性的报酬，即他们的期望得以实现时，创业团队所在的工作环境、工作效率以及协作精神使他们获得了一种满足感，在这种情况下，个体成员目标的实现引发了创业团队成员以一种更为充沛的活力去参与创业决策活动，共同分担风险，实践创业行动方案。这方面的再次成功又会促使创业团队成员寻找更高的目标，并激发起更大的活力。这样，创业团队成员与创业团队组织之间就进入一种良性循环的轨道，不断形成的组织承诺必然会极大地促进创业团队企业家精神的强化，而这种创业团队企业家精神的强化效应又会进一步提高团队凝聚力，促使企业成长加速。

2. 心理契约破裂

心理契约破裂是指"个体对组织未能按照与个体贡献相等的方式履行个体心理契约中一项或多项义务的认知"。它代表关于契约实现的认知评价，而这种认知评价是个体对其实际收获的东西和许诺得到的东西进行心理上对比运算的结果。如果忽视创业团队成员与创业团队之间的心理契约关系，任其走向心理契约破裂，那么，将会导致创业团队的瓦解和创业团队企业家精神的退化。

8.5 怎样应对团队陷阱

团队陷阱	表现特征	克服方法
团队组建存在问题	不知道如何找寻合伙人	首先对自己需求的合伙人有明确的定位，比如技术型人才或者销售型人才
	团队合伙人角色如何匹配股权	在具体组建团队时根据具体工作需求做好工作的角色定位，同时要每个人特点进行分工。
	不知道如何分配股份	首先是合伙人之间充分信任；其次是全面合理的股权分配分析框架和模型。对企业来说，非常重要一点在于，谁重要就该谁控股。
团队管理存在问题	不知道如何招聘核心员工	创始人需要多参加业界活动，做好宣传。校招可以帮助寻找年轻员工；猎头公司或者行业朋友推荐有助于寻找成熟伙伴。招聘前，需要完善公司激励制度。
	不知道如何解决核心人员流动问题	设立核心员工成长计划，让核心员工跟着公司成长，做好公司员工的职能变化和福利待遇，尽量避免无谓的人员流动。
	不知道如何协调新老员工的关系	建立共同权益制度，首先认可早期员工的价值，设立期权池，许诺早期股票期权的同时让老员工持股。
	不知道如何做好员工持股的问题	考虑影响股权分配的各个因素所占的比重，具体包括经验和资历的丰富度、对公司未来成长的贡献、获取资源的能力、对市场的了解程度以及人格魅力和影响力等方面。

1 创业认识陷阱
2 创业决策陷阱
3 创业情境陷阱
4 创业方法陷阱
5 创业机会陷阱
6 创业计划陷阱
7 商业模式陷阱
8 创业团队陷阱
9 创业融资陷阱
10 创业法律陷阱
11 企业成长陷阱
12 社会创业陷阱

第9章 创业融资

学习地图

什么是融资决策　创业融资有哪些来源　如何进行融资谈判　怎样应对融资陷阱

资金是创业企业成长过程中的难题，产品或服务开发、人员招聘、业务扩张、市场营销无一不需要大量的资金支持，而创业者自身一般无法满足这样大量的资金要求，因此必须对外融资。本章将介绍创业融资来源、融资决策和融资谈判。在融资过程中，创业者可能会因不确定是否要进行融资，无法确定融资金额，不了解各种融资方式的区别，以及不知如何与投资人进行融资谈判而陷入各种各样的融资陷阱，通过本章的学习，创业者能够对创业融资有一个全面的了解，从而避开或跳出这些融资陷阱。

创业标杆：京东的发展与 VC

京东已经历经多轮投融资，在京东发展过程中 VC 起了至关重要的作用。

2009 年 1 月：估值 4 000 万美元，雄牛资本和梁伯韬分别注资 1 000 万美元和 2 100 万美元

2010 年 1 月：估值 4 亿元，老虎基金投资 7 500 万美元

2010 年年底：估值大约 10 多亿美元，高瓴资本投资约 3 亿美元，持股比例估计 30%

2011 年 4 月：估值 66 亿美元，DST、红杉资本、老虎基金、沃尔玛等注资约 10 亿美元

2012 年 7 月：估值为 68.2 亿美元，投资银行介入

2012 年 11 月：估值为 72.5 亿美元，加拿大安大略教师退休基金、老虎基金投资 4 亿美元

2013 年 2 月：估值为 75.52 亿美元，加拿大安大略教师退休基金和沙特王国控股公司等投资 7 亿美元

2013 年 12 月：估值为 80.3 亿美元，沙特王国控股公司投资京东 4 亿美元，持股 5%

2014 年 3 月：京东为自己估值 157.21 亿美元，腾讯 2.15 亿美元收购京东 3.52 亿普通股股份，获得京东上市前在外国流动普通股 15%

2014 年 4 月：京东在美国纳斯达克挂牌上市，市值约 300 亿美元

2017 年 11 月：京东市值达 550 亿元

2016 年中国最佳创投机构排行榜

排名	机构名称	主要管理人	成立时间	管理资金规模
1	IDG 资本	熊晓鸽	1992	25 亿美元
2	红杉资本中国 基金	沈南鹏	2005	20 亿美元的海外基金和近 40 亿元人民币的国内基金
3	深圳市创新投资集团有限公司	李万寿	2002	60 亿元人民币
4	江苏毅达股权投资基金管理有限公司	应文禄	2014	超过 750 亿元人民币
5	德同资本管理有限公司	邵 俊	2006	超过 100 亿元人民币
6	达晨创投	肖 冰	2000	150 亿元人民币
7	深圳市东方富海投资管理公司	黄国强	2006	超过 100 亿元人民币
8	深圳市基石资产管理股份有限公司	张 维	2008	300 亿元人民币
9	苏州元禾控股股份有限公司	刘澄伟	2007	345 亿元人民币
10	君联资本管理股份有限公司	朱立南	2003	超过 300 亿元人民币

9.1 什么是融资决策

在寻找融资渠道时，创业者尝试采用专业手段向投资人展示自己的企业，以期获得更多的资源。融资决策受到融资方和投资方的目标驱动，其过程因受到众多因素影响而变得复杂，不过，仍可大致描述出整个融资过程。这个过程概括起来，分为五个步骤：

融资前的准备
- 建立个人信用
- 积累人脉资源

测算融资需求
外部融资需求量 =
预计总资产 – 预计
总负债 – 预计股东
权益

确定融资方式
企业不同发展阶段
的融资来源不同

制定融资期限
- 短期融资
- 长期融资

融资谈判
- 融资技巧
- 谈判技巧

创业者首先面临的问题是：我的公司是否需要融资？

对多数新创企业来说，在初期需要筹集资本。原因包括：

01 现金流问题
销售活动产生现金之前，存货必须购买，员工必须培训与付薪，做广告必须付费。

02 资本投资
购买房地产、构建设施、购置设备的成本超过了企业依靠自己为这些需要提供资金的能力。

03 漫长的产品开发周期
有些产品产生收益之前，许多年都处于开发状态。前期成本常常超过企业依靠自己为这些活动提供资金的能力。

资料来源：布鲁斯 R 巴林格，R 杜安·爱尔兰. 创业管理：成功创建新企业（原书第5版）[M]. 薛红志，张帆，等译. 北京：机械工业出版社，2010.

下一个问题是：我的公司需要多少资金？

这个问题可以从两个方面来回答：一是分析企业不同阶段需求；二是确定企业估值。

融资额越多越好吗？
答案是否定的。因为融资金额越大，投资人对你的期望也就越高，这种预期会传染到董事会决策甚至具体运营中，有时也会对公司的发展产生负面影响。

分析企业不同阶段需求

对企业的发展过程有明确的阶段分析，设置几个里程碑，再根据里程碑来决定需要的时间和花费，进而决定融资金额。

比如，一个要做社区服务的团队需要融资，这个团队可以把用户数破万作为一个里程碑。如果实现这个时间需要一年，那么团队可以仔细计算一下这一年的成本是多少，计算出来后再乘以一个保险系数，这样便可以作为首次融资的金额。当然，里程碑的设定非常重要，设定的这个里程碑一定可以作为下一轮融资的基础，如用户数、收入等。

企业估值

可以这样计算外部融资需求量：
外部融资需求量 = 预计总资产 − 预计总负债 − 预计股东权益

资料来源：张颖. 创业者如何确定早期融资金额 [J]. 创业家，2011（9）.

下一步就是要确定融资方式

确定企业需要融资后，要结合企业自身的情况，选择适合的融资方式。

方法是根据企业特征选择适当的融资类型

新创企业特征	适当的融资类型
具有高风险、不确定回报的企业	
现金流少	
负债率高	个人资金、朋友和家人的资金以及其他自力更生的形式
成长性偏低	
管理层能力不确定	
具有低风险、更可预测回报的企业	
强大的现金流	
低负债率	
审计财务报表	债务融资
优秀的管理层	
健康的资产负债表	
提供高回报的企业	
独特的商业创意	
高成长	权益融资
利基市场	
管理层能力得到证明	

资料来源：布鲁斯 R 巴林格，R 杜安·爱尔兰. 创业管理：成功创建新企业（原书第 5 版）[M]. 薛红志，张帆，等译. 北京：机械工业出版社，2010.

或是根据企业不同发展阶段的融资情况确定融资来源

融资渠道	种子开发期	创建期	生存期	扩张期	成熟退出
创业者	■				
朋友和家庭	■				
天使投资	■	■			
战略伙伴	■	■	■	■	
风险投资		■	■	■	
资产抵押贷款		■	■	■	
设备租赁		■	■	■	
小企业管理局投资			■	■	
贸易信贷			■	■	
IPO					■
公募债券					■
管理层收购					■

注：阴影部分就是不同阶段对应的主要融资渠道。

- 在创业初期,创业企业的融资方式基本上选择的都是股权融资。因为此时,风险很大,很少有金融机构等债权人来为你的企业融资。而在股权融资中,企业主与其朋友和家庭成员的资金占了绝大多数。这部分融资实际上是属于"内部人融资"或"内部融资",也叫企业"自己投资"。但是,内部人融资是企业吸引外部人融资的关键,只有具有相当的内部人资金,外部人才愿意进行投资。

- 真正获得第一笔外部股权融资的可能是,出于战略发展目的又非常熟悉该投资行业的个人或企业的"天使"资金——创业投资的早期资金。在此基础上,可以寻求其他创业投资公司等机构的股权融资。

- 当创业企业发展到一定时期和规模以后,就可以选择债权融资。债权融资主要来自金融机构,包括商业银行和财务公司等。对创业企业进行贷款的商业银行通常不是大的商业银行,而主要是一些社区银行或地方性银行;大的商业银行只有在信用评级制度发展之后(或者创业企业具备了信用等级之后),才开始介入创业企业的融资业务。财务公司提供创业企业贷款的主要形式是汽车贷款、设备贷款与资本性租赁。它们的抵押品就与汽车和设备有关。

9.2 创业融资有哪些来源

9.2 融资来源
9.2.1 天使投资
9.2.2 创业投资
9.2.3 众筹
9.2.4 其他融资

了解各种融资来源的区别有助于创立者根据自身的需要选择合适的融资方式，本节着重介绍天使投资、创业投资这两种融资来源，简要介绍众筹和其他融资方式。

天使投资

天使投资（business angel）以其特有的优势成为中小企业创业融资最重要的资金来源。

它是指富有的个人直接对有发展前途的处于创业初期的小企业进行权益资本投入，在体验创业乐趣的同时获得投资增值。

从时间上来看，天使特指企业创业过程中的第一批投资人，资金在产品或服务形成之前注入，此时企业处于很不成熟的种子期。

"天使"一词最早是指19世纪为纽约百老汇戏剧提供资金的投资人。当时投资戏剧的风险很大，很多出资者是出于对艺术的支持，而不是为了获得超额利润。因此，人们尊称他们为"天使"。甚至一直到今天，这种慈善光环依然笼罩在一些天使投资人的头上。

天使投资分类

从背景来划分
- 管理型投资者
- 辅助型投资者
- 获利型投资者

从项目的投资量划分
- 支票天使：相对缺乏企业经验
- 增值天使：较有经验并参与被投资企业的运作，投资额也较大
- 超级天使：往往是具有成功经验的企业家

天使投资相对 VC 的特点
- 投资者不同：一般以个体形式存在。
- 投资金额不同：投资额相对较少。
- 投资审查程序不同：天使投资对创业项目的审查不太严格，一般不参与管理。
- 投资阶段不同：天使投资比较偏早期，创业投资更多偏成长期和 Pre-IPO 阶段。

创业标杆：徐小平与天使投资

徐小平，真格基金创始人、中国著名天使投资人。曾荣获"2016年最受尊敬天使投资人"，入选美国《福布斯》杂志"全球最佳创投人"榜单（Midas List）。

徐小平在连续投出了数家上市公司后，还在继续坚持早期风险投资，甚至一些稀奇古怪的项目，例如那个真空穿梭的"子弹快轨"Hyperloop。2015年，真格基金投资的不少初创公司，都获得了极高的成长和市场认可，如蜜芽宝贝、出门问问、格林深瞳、Nice、找钢网、亿航无人机、野兽骑行、优客工场、易会、云造科技等新兴科技和互联网公司，而且徐小平几乎为每一个项目亲自站台、亲力亲为，可谓是最鞠躬尽瘁的天使投资人。

创业标杆：苹果的天使投资

- 1976 年，史蒂夫·乔布斯与史蒂夫·沃兹尼亚克决定以自己研发的计算机主板 Apple 创办企业，这就诞生了苹果公司。起初，公司启动所需要的资金来自两位创始人，公司开始时通过挨家挨户的方式出售产品获取了部分资金。但对新创公司而言，钱是个问题，除非乔布斯愿意一辈子挨家挨户推销他的电脑。

史蒂夫·乔布斯（1955—2011）

- 于是，乔布斯去找了多位风险投资家。其中一位就是曾经在仙童半导体和国家半导体公司做过管理，后来创建了红杉资本的唐·瓦伦丁。尽管乔布斯那奇怪的着装和流露出的反主流文化的个性像个怪胎，而且还不懂商业和营销，但作为一个顶尖的风险投资家，瓦伦丁认为乔布斯的项目可塑性较强。最终他向乔布斯提出，如果要他投资，必须接受一个合伙伙伴，这个伙伴要会写商业计划书且懂销售，就是迈克·马库拉，乔布斯接受了这个条件。

唐·瓦伦丁

- 1980 年 12 月，苹果公司上市时每股发行价 14 美元，当日收盘价 29 美元。年仅 24 岁的乔布斯当日身价达到 2.17 亿美元，而迈克·马库拉的身价则达到 2.03 亿美元，9.2 万美元的天使投资则增值了 2 200 倍。

创业投资

创业投资又称风险投资（venture capital，VC）

全美创业投资协会（NVCA）对 VC 的定义：
"创业投资是指由专业投资者提供的投资于极具增长潜力的创业企业并参与其管理的权益资本。"

创业投资的特点

- 投资管理的专业性：专业人士、专业业务、专业运作模式。

- 投资对象的高成长性：创业企业，以区别于对非创业企业的投资。

- 投资服务的高参与性：不仅提供资本支持，而且还提供创业管理服务，但不介入日常的经营管理。

- 投资方式的权益性：一旦企业渡过创业期，就退出投资。这样，一方面获得资本增值，另一方面进行新一轮投资。

- 高风险和高收益性。

创业资本与其他资本的对比

- **与产业资本相比**

  产业资本以产品经营为主要方式,创业投资基金主要从事股权资本运作。

- **与天使资本相比**

  天使资本是非组织化的,以个体行为进行投资,创业投资基金是组织化的资本。

- **与私募股权投资基金相比**

  创业投资基金投资于企业发展的早期;私募股权投资基金则偏重于对成长期企业的投资。

- **与证券投资基金相比**

  证券投资基金主要投资上市企业的股票和其他有价证券(债券、货币等);创业投资基金主要投资未上市企业的股权或者其他权益。

要与 VC 打交道，首先要理解 VC 运行的三个阶段：

筹资、投资（管理）和退出阶段，这也被表述为典型的"筹投管退"周期。

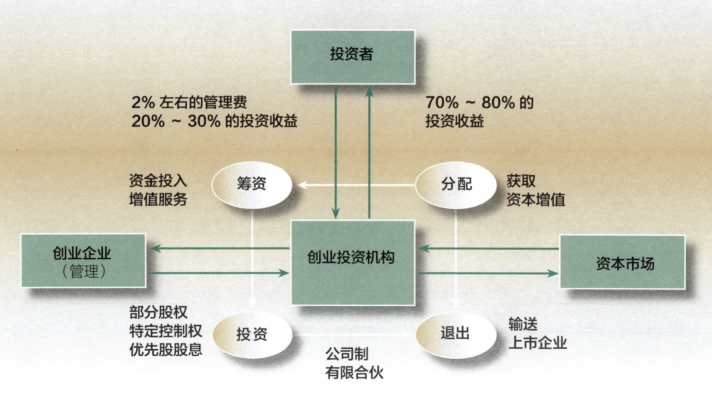

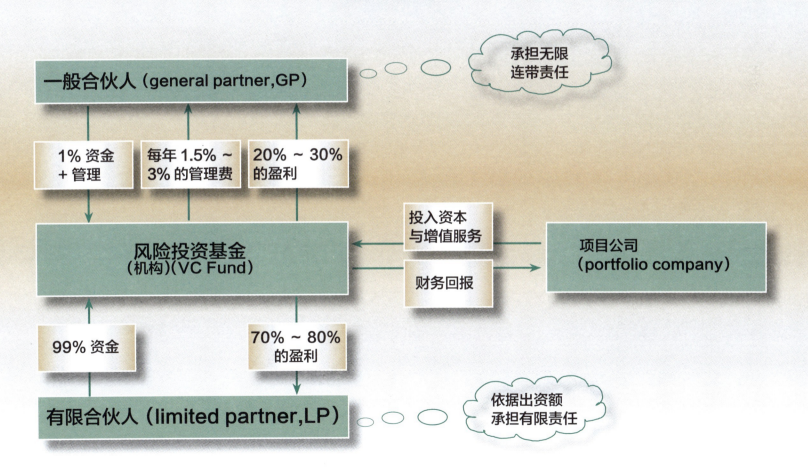

VC 投资（管理）阶段

- 设立控制机制以保护投资者，同时为创业企业提供各种增值服务 — 监控管理
- 在评估通过的基础上，确定交易规模、交易定价，金融工具（是股权形式还是债权）的种类以及其他条款，最终签订协议 — 交易设计
- 对筛选的项目进行摸底调查和风险收益评价 — 调查评价
- 从不同投资项目中选定部分项目作为投资对象 — 项目筛选
- VC 发起投资意向 — 交易发起

VC会晤创业者时希望考察哪些方面?

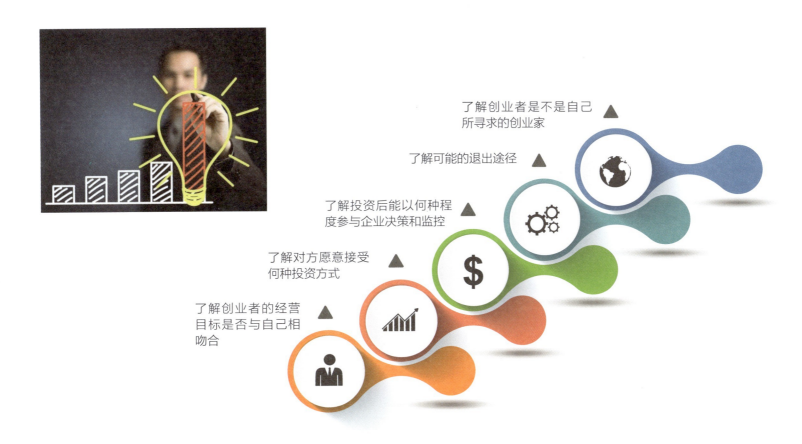

- 了解创业者是不是自己所寻求的创业家
- 了解可能的退出途径
- 了解投资后能以何种程度参与企业决策和监控
- 了解对方愿意接受何种投资方式
- 了解创业者的经营目标是否与自己相吻合

VC 通常与创业企业达成什么样合同？

VC 做出投资决策后，必须与创业企业家经过协商达成双方都可以接受的投资协议，即进入到交易设计环节：

可转换优先股合约内容

- 优先清算权
- 防稀释条款
- 保护性条款
- 股份兑换条款
- 股份回购协议
- 领售权
- 对赌协议

资料来源：北京市大成律师事务所，北京市律师协会风险投资委员会组织，编译. 美国创业投资示范合同 [M]. 北京：法律出版社，2006.

什么是可转换优先股

- 按股东的权利可分为普通股、优先股及两者的混合等多种。
- 普通股的收益完全依赖公司盈利的多少，因此风险较大，但享有优先认股、盈余分配、参与经营表决、股票自由转让等权利。
- 优先股享有优先领取股息和优先得到清偿等优先权利，但股息是事先确定好的，不会因公司盈利多少而变化，一般没有投票及表决权，而且公司有权在必要的时间收回。优先股还分为参与优先和非参与优先、可转换与不可转换等几大类。
- 可转换优先股是指允许优先股持有人在特定条件下把优先股转换成为一定数额的普通股。这是近年来日益流行的一种优先股。优先包含：优先分红和优先清算。
- 可转换债券是一种可以在特定时间按特定条件转换为普通股股票的特殊企业债券，这种工具不常用。

什么是清算优先权

清算优先权（liquidation preference）

组成部分

- 优先权（preference）
- 参与分配权（participation）

它是投资条款清单（term sheet of equity investment）中一个非常重要的条款，决定资金如何优先分配给持有公司某特定系列股份的股东，然后再分配给其他股东。

例如，A轮（series A）融资的投资条款清单中，规定A系列优先股股东（series A preferred shareholders）能在普通股（common）股东之前获得多少回报。

参与分配权有三种

- 无参与权（non participation）
- 完全参与分配权（full participation）
- 附上限参与分配权（capped participation）

相应的三种清算优先权

- **不参与分配优先清算权**　在公司清算或结束业务时，A系列优先股股东有权优先于普通股股东获得每股X倍于原始购买价格的回报以及宣布但尚未发放的股利（清算优先权）

- **完全参与分配优先清算权**　完全参与分配权的股份在获得清算优先权的回报之后，还要跟普通股按比例分配剩余清算资金。

- **附上限参与分配优先清算权**　附上限参与分配权表示优先股按比例参与分配剩余清算资金，直到获得特定回报的上限。

创业聚焦：红杉资本中国投资版图

SEQUOIA CAPITAL
THE ENTREPRENEURS BEHIND THE ENTREPRENEURS

红杉资本中国基金目前管理总额约25亿美元和逾40亿元人民币的总计8期基金，用于投资中国的高成长企业。红杉重点关注的四个方向为科技/传媒、消费品/服务、医疗健康、新能源/环保/先进制造，但所投资的公司并不限于此。

红杉中国的项目组合中，估值超过10亿元人民币的项目（部分）			
秒拍	达达配送	蜜芽宝贝	陌陌
车易拍	找钢网	饿了吗	大姨吗
融360	安能物流	唱吧	酒仙网
美丽说	赶集网	途牛旅游	京东商城
聚美优品	航班管家	驴妈妈旅游网	新美大
500彩票	高德	奇虎360	大众点评
VIPKID	京东金融	今日头条	瓜子二手车
斗鱼	土巴兔	优客工场	蔚来汽车
雪球	大疆	豆瓣	英雄互娱

VC 退出阶段

美国创业投资退出渠道

退出途径	比例(%)	回报(倍)
IPO	30	1.95
兼并收购	23	0.4
企业股份回购	6	0.37
股份转卖	9	0.41
亏损清算	6	-0.34
因亏损而注销股份	26	-0.37

最后一步是创业投资退出,主要的退出渠道包括:IPO、兼并收购等。股份转卖在中国比较普遍。

众 筹

现代众筹指通过互联网方式发布筹款项目并募集资金。相对于传统的融资方式，众筹更为开放，能否获得资金也不再是由项目的商业价值作为唯一标准。只要是网友喜欢的项目，都可以通过众筹方式获得项目启动的第一笔资金，为更多小本经营或创作的人提供了无限的可能。众筹涉及主体包含发起人、支持者和平台。发起人是指有创造能力但缺乏资金的人；支持者是指对筹资者的故事和回报感兴趣的，有能力支持的人；平台是指连接发起人和支持者的互联网终端。众筹形式主要有股权众筹和实物众筹。其规则就是在设定天数内，达到或者超过目标金额，项目即成功，发起人可获得资金；筹资项目完成后，支持者将得到发起人预先承诺的回报，回报方式可以是股权，也可以是实物或服务，如果项目筹资失败，那么已获资金全部退还。

kickstarter：众筹鼻祖

众筹的兴起源于2009年4月成立的美国网站kickstarter，该网站通过搭建网络平台面对公众筹资，让有创造力的人可能获得他们所需要的资金，以便使他们的梦想有可能实现。这种模式的兴起打破了传统的融资模式，每一位普通人都可以通过该种众筹模式获得从事某项创作或活动的资金，使得融资的来源者不再局限于风投等机构，而可以来源于大众。在欧美逐渐成熟并推广至亚洲、中南美洲、非洲等开发中地区。

Kickstarter 相信，一个好的创意，透过适当的沟通，是可以快速地广为流传的；同时，集结众人的力量来集结资金与精神上的鼓励，可以让你更实际也更有勇气的实践自己的好点子。

创业聚焦：凭证式众筹美微创投

2012年10月5日，淘宝出现了一家店铺，名为"美微会员卡在线直营店"。店主是美微传媒的创始人朱江，曾在多家互联网公司担任高管。可通过在淘宝店上拍下相应金额的会员卡，购买者除了能够享有"订阅电子杂志"的权益外，还可以拥有美微传媒的原始股份100股。开始后，共集资120余万元。美微传媒的众募方式试水在网络上引起了巨大的争议，很多人认为有非法集资嫌疑，果然还未等交易全部完成，美微传媒的淘宝店铺就于2月5日被淘宝官方关闭，阿里对外宣称淘宝平台不准许公开募股。而证监会也约谈了朱江，最后宣布该融资行为不合规，美微传媒不得不向所有购买凭证的投资者全额退款。

案例点评

在淘宝上通过卖凭证和股权捆绑的形式来进行募资，可以说是美微创投的一个尝试，虽然因有非法集资的嫌疑而最后被证监会叫停，但依旧不乏有可以借鉴的闪光点。

建议：

在长远政策放开之前，以相对小范围的方式合规地筹集资金。比如，股东不超过200人，从淘宝这样的公开平台转移到相对更小的圈子。

创业标杆：会籍式众筹 3W 咖啡

　　3W 咖啡采用的是向社会公众进行资金募集，每个人 10 股，每股 6 000 元，相当于一个人 6 万元。正值玩微博最火热的时候，3W 咖啡很快就汇集了一大批知名投资人、创业者、企业高级管理人员，其中包括沈南鹏、徐小平、曾李青等数百位知名人士。3W 咖啡引爆了中国众筹式创业咖啡在 2012 年的流行，几乎每个城市都出现了众筹式的 3W 咖啡。3W 很快以创业咖啡为契机，将品牌衍生到了创业孵化器等领域。

案例点评

　　会籍式的众筹方式在中国 2012 年创业咖啡热潮中表现得淋漓尽致。会籍式的众筹适合于同一个圈子的人共同出资做一件大家都想做的事情。比如，3W 这样开办一个有固定场地的咖啡馆，方便了交流。其实，会籍式众筹股权俱乐部在英国的 M1NT Club 中也表现得淋漓尽致。M1NT 在英国有很多明星股东会员，并且设立了诸多门槛，曾经拒绝过著名球星贝克汉姆，理由是当初小贝在皇马踢球，常驻西班牙，不常驻英国，因此不符合条件。后来，M1NT 在上海开办了俱乐部，也吸引了 500 位上海地区的富豪股东，主要以外国人圈子为主。

创业标杆：天使式众筹大家投

一年前，在一个朋友聚会中认识了大家投网站的创始人李群林，在创办这一众筹式的天使平台之时，很多知名天使投资人都拒绝了他的请求。李群林并没有轻易放弃，他不断在微博上发表并宣传资金的理念，结识真正对他认可的粉丝和朋友。经过两个月的艰苦努力，他引起了深圳创新谷孵化器的注意，愿意做他这个项目的领投人。不久，他又吸引了 11 个个人投资，总共 12 位投资者，每人出资最高 15 万元，最低 3 万元。除创新谷孵化器是机构外，更多的投资人是没有专业投资经验的个人。大家投网站最后出让 20% 的股份。

案例点评

比较适合成长性较好的高科技创业融资。投资人对项目模式要有一定的理解，有最低投资门槛要求，门槛较高。对创业者来说，依旧需要依靠自己的个人魅力进行项目的推荐，并期望遇到一个专业的领投人。对明星创业者或者明星创业项目来说，不适合用这个模式，而应该选择与大的投资机构接洽。这个模式可以由在一个专业圈子有一定影响力的创业者，结合社交网络来进行募资，把信息传递给更多身边同样懂行的或者愿意信任他的有一定资本能力的投资者。

其他融资

除上述融资方式之外,初创企业还可以考虑以下方式,但这些融资方式要求极高,未必是理想的方式。

- **信用担保贷款**

    中小企业信用担保机构大多实行会员制管理方式,属于公共服务性、行业自律性、非营利的组织。会员企业向银行借款时,可以由中小企业的担保机构担保。

- **买方贷款**

    如果企业产品有固定的销路和可靠的收入,银行就可以按照销售合同,对其产品的购买方提供贷款支持。

- **异地联合协作贷款**

    有些中小企业产品销路很广,或者是为某些大企业的拳头产品提供配套的零部件,或者是企业集团的松散型子公司。它们在生产协作过程中,需要补充生产资金时,可以首先寻求一家主办银行牵头,对集团公司提供贷款,再由集团公司对协作企业提供必要的资金,当地银行进行合同监督;也可以由牵头银行同异地协作企业的开户银行结合,分头提供贷款。

- **项目开发贷款**

  商业银行对拥有成熟技术及良好市场前景的高新技术产品或专利项目的中小企业以及利用高新技术成果进行技术改造的中小企业，可以给予积极的信贷支持，以促进科技成果的迅速转化。

- **出口创汇贷款**

  对于出口创汇企业，银行可根据出口合同，或进口方提供的信用签证，提供打包贷款。对于有现汇账户的企业，可以提供外汇抵押贷款。对于有外汇收入来源的企业，可以凭借结汇凭证取得人民币贷款。对于出口前景看好的企业，还可以提供一定数额的技术改造贷款。

- **自然人担保贷款**

  中国工商银行率先推出了自然人担保贷款业务，即工商银行的境内机构，在对中小企业办理3年期限以内的信贷业务时，可以由自然人提供财产担保并承担代偿责任。

- **个人委托贷款**

  这是由个人委托提供资金，由商业银行根据委托人确定的贷款对象、用途、金额、期限、利率等，代为发放、监督使用并协助收回的一种贷款。

- **无形资产担保贷款**

    依据《中华人民共和国担保法》有关规定,依法可以转让的商标专用权、专利权、著作权中的财产权等无形资产可作为贷款质押物。

- **票据贴现融资**

    票据持有人将商业票据转让给银行,取得扣除贴现利息后的资金。

- **金融租赁**

    它是一种集信贷、贸易、租赁于一体,以租赁物件的所有权与使用权相分离为特征的新型融资方式。设备使用厂家看中某种设备后,就可委托金融租赁公司出资购得,然后再以租赁的形式将设备交付该厂家使用。当该厂家在合同期内把租金付清后,最终还将拥有该设备的所有权。

- **典当融资**

    这是以实物为抵押,以实物所有权转移的形式取得临时性贷款的一种融资方式。

- **远期销售融资**

    把分期付款合同出售或转让给银行或销售融资公司。

- **债券融资**

    对于一些资信较好、发展稳步的中小企业,可采用私募的方式向特定的投资者诸如创业投资基金等发行债券,也可以公开发行债券直接融资。

9.3 如何进行融资谈判

了解了各种融资来源的区别,也清楚了融资决策过程中的重点,接下来,我们来学习如何与投资人进行融资谈判。

融资技巧 & 谈判技巧

- 应该准备四份主要文件
- 《投资建议书》对创业企业的管理状况、利润情况、战略地位等做出概要描述。
- 《创业计划书》对创业企业的业务发展战略、市场推广计划、财务状况和竞争地位等做出详细描述。
- 《尽职调查报告》即对创业企业的背景情况和财务稳健程度、管理队伍和行业进行深入细致的调研后形成的书面文件。
- 《营销材料》是任何直接或间接与创业企业产品或服务销售有关的文件材料。

- **融资谈判重点**

- **谈判重点一**
  公司估值:估值区间的合理化

- **谈判重点二**
  团队期权计划及创始人股份的行权计划:各让一步的心法

- **谈判重点三**
  跟卖权:保障团队利益

- **谈判重点四**
  保护性条款:不束手束脚

FINANCING DECISIONS

条款谈判之一：清算优先权

清算优先权条款产生的原因是出资义务的不对等。清算的时候投资人可以有两种选择权，一是种按约定收益率只拿走本金和收益；二是放弃优先分配，按照股权比例整个分配。所有投资行为，可以分为两大类：股权类和债权类。股权类高收益、高风险，债权类则相反。有一点是公认的，不可以有一方取得这两类的好处，而另一方得到这两类的坏处。如果项目失败了，投资人不可以找创始人索要；有的在投资里面设置陷阱，规定项目失败了要由创始人打工还钱。

谈判技巧 1　当面对成熟的投资机构，并且不愿意请律师的时候，只要用数字描述的部分，就可以谈判（比如清算优先权的优惠比率），初创企业按照固定收益率比较好。当公司发生清算事件的时候，才有义务给投资人偿还本金和利息。公司法规定，公司注销环节必须按照股权比例分配。有两种情况：一种是资产卖了，买方把钱打到公司来，可以通过分红的方式；另一种是公司把股权卖了，这种情况通常叫作二次分配。

谈判技巧 2　可以约定若利润超出一定的限制，则投资本金不再归还。

谈判技巧 3　如果创始人在项目里有出资的话，把出资部分算清楚，该部分有优先权。

条款谈判之二：股权成熟条款

创始人获得股权的"时间表"，未到时间的股权犹如未成熟的果实，享受不到股权的"滋味"。

股权未到时间时，在几年内创始人都要稳定地全职工作。这种约束不仅仅是针对创始人的，对员工的期权、联合创始人来说也都需要约束。创始人获得创始股的责任就是带着项目走过创业期，在未完成的情况下，若创始人不能继续下去，就要有人接替担负此责任，创始人不能抱着股权不放。

成熟结构： 对于创始人，按年来算比较多；对于联合创始人，按照两年比较合适。通常，合作问题发生在一年半左右那个时间段，那时有问题就需要及时解决。按照公司法，创始人拿到了股权，就对它拥有所有权，需要对其赋予某条件下的强制回购权。代持需要一定的信任度，虽然有一定法律保障，但还是有一定的违约风险，诉讼程序也有一定的执行难度。代持方破产的情况：代持义务会转给该公司股东，初创期以个人为主体进行代持较多，以企业为主体的较少。

资料来源：《创业融资谈判八大招》，91众筹 http://www.tuixinwang.cn/wenzhang/11936937.html。

FINANCING DECISIONS

条款谈判之三：优先增资权

投资人享有的有限认购新增资本的权利。
如果项目有后一轮融资，前面投资人有权优先购买后面的融资。

创业聚焦：

一个创业项目，投资人是某大集团，投资人连续行使优先增资权。两年后，投资人拥有 60% 股权之后就罢免了创始人的董事职务，将该项目并入了本集团。

那么，什么样的优先增资权是合理的呢？例如，作为投资人参与下一轮融资的时候，有权按照自身持股比例优先增资的权力。也就是说，投资人通过继续持股的方式，保持自身股权比例不变，以免股权被稀释。公司法可以通过公司章程，约定表决权。同样的股东权力，写在公司章程里，公司章程可以去工商局备案，也可以不备案；如果发生争议且协商不成，公司章程以备案的为主。因此，这也是在提醒创始人，如果公司章程发生变化，应及时备案。

资料来源：《创业融资谈判八大招》，91 众筹 http://www.tuixinwang.cn/wenzhang/11936937.html。

FINANCING DECISIONS

条款谈判之四：竞业禁止

防止离职员工帮助竞争对手或调转"枪头"成为公司敌人。
这主要是指工作期间、离职之后，在规定时间之内不能从事所在行业等范围的工作。

创业聚焦：

1. 离职两年内不能从事相关产品及研发工作；
2. 离职五年内不能从事相关产品及研发工作。

在上述例子中，第一个比较合理。因此，从创始人的角度来说，限制一个合理的范围比较好。竞业禁止有一个时间问题，比较常用的是两年。按照中国香港法律，超过两年条款将会无效。因为中国香港法律认为超过两年就是在剥夺劳动者的合理就业权力。而对公司客户及商业模式来说都有一定期限，超过太久期限也就没有约束意义了。

法律方面：在劳动合同法里，有相关规定范围是针对公司员工的，但是必须给予补偿。不过，在投资协议里基本上没有补偿，因为投资协议不是基于劳动合同的，而是基于"创始人拿到投资"这一情况的。

竞业禁止：第一，要表达清楚；第二，设定这个制度后，就会对竞业者造成压力；第三，有机会对竞业者要求补偿。

资料来源：《创业融资谈判八大招》，91众筹 http://www.tuixinwang.cn/wenzhang/11936937.html。

FINANCING DECISIONS

条款谈判之五：强制随售权

投资人"拽上"创始人一起退出公司的权力

如果有某个收购方，想要收购公司全部股份，并且投资人愿意将自己的股权被收购，其他股东的股份也强制同意被收购。很多投资人比较在意这一条款。

当创始人遇到这种条款，可以采取的技巧

1. 启动程序，规定在何种情况下可以卖掉股份。可以设置不同的条件，使其尽量复杂得难以实现。
2. 设置时间，可以约定诸如"几年之内未能上市，投资人才能行使权力"。
3. 设定价格，比如约定当收购价格比估值高多少的情况下，才可以行使权力。

资料来源：《创业融资谈判八大招》，91众筹 http://www.tuixinwang.cn/wenzhang/11936937.html。

条款谈判之六:回购条款

投资人收回投资的"利器"

投资之后一段时间,公司上市,投资人有权要求按照约定标准,比如投资本金除以年份的收益率或者根据评估价值,要求公司回购股份。例如,要求创始人对回购承担连带责任,投资人要求公司回购,而公司可能回购不起,那么就要求创始人出钱回购。

这是一个陷阱条款,作为一个创始人,对公司有信心是一回事,对公司做担保则是另一回事;有信心是应该的,但是不应该做担保。在项目融资中,涉及需要连带责任的情况较多,创始人需要注意。

谈判技巧: 在回购条款中,要关注回报比例,8% ~ 20% 都是在范围之内的,一般最低是 8%。当然,从创始人的角度,回报比例越低越好。

资料来源:《创业融资谈判八大招》,91 众筹 http://www.tuixinwang.cn/wenzhang/11936937.html。

FINANCING DECISIONS

条款谈判之七：优先投资权

如果创始人的一个项目失败了，从清算的时间开始五年之内，若创始人又有新的项目，投资人则有优先投资新项目的权力。这个条款主要是针对天使投资等高风险的投资而设立的。

因为创业者一般都会连续创业，如果这个项目失败了，那么他再创业就有了经验，前面投资人的钱相当于给他创业交了学费。当该创始人再创业时，他的估值就不一样了，所以说他并不是失败了，但是投资人在前一个项目上的收获很小。因此，这个条款的设计是有所依靠的，连带责任也是可以谈判的。

资料来源：《创业融资谈判八大招》，91众筹 http://www.tuixinwang.cn/wenzhang/11936937.html。

条款谈判之八：否决权

董事会讨论很多事件，但对于有些事件，不管创始人持股比例多少，投资人不同意，就不能通过。设定理由在于：投资人是出资金的人，还是小股东，运营权在创始人手里，但是遇到一些可能损害投资人权益的事件时，投资人要求有否决权。谈判点在于：否决权的事件。例如，涉及公司股权的事件、单次支出超过多少钱、超过多少钱的担保、任免公司员工等方面。

建议： 在项目早期，最好不要给投资人否决权；在人事方面，任免权最好由自己掌握，创始人还要掌握自身薪水权。

资料来源：《创业融资谈判八大招》，91众筹 http://www.tuixinwang.cn/wenzhang/11936937.html。

融资陷阱：控制权旁落，于刚被迫出走 1 号店

2010 年 5 月，1 号店创始人于刚在金融危机之后的资金困境中从平安那里融资 8 000 万元，让出了 1 号店 80% 的股权，控制权就此旁落。平安整合 1 号店未果后，逐步将 1 号店控股权转让给了沃尔玛。经过多次于刚离职的传闻后，1 号店在 7 月 14 日晚间正式确认创始人于刚和刘峻岭离职。随后，于刚和刘峻岭发了内部邮件，向 1 号店员工宣布，决定离开 1 号店去追求新的梦想。

据了解，在收购 1 号店之前，沃尔玛最先找到的是京东，却因沃尔玛要求控股权而最终被京东拒绝，随后，沃尔玛才转而选择了 1 号店。有消息称，最终实现全资控股一直是沃尔玛收购的前提，因此，1 号店最终痛失控股权也许早在沃尔玛入股时就已埋下了伏笔。

案例点评： 如果不想让自己辛苦创业的硕果被他人摘取，就必须时时警醒，并牢牢掌握住公司的控制权。这里引用天使投资人徐小平先生的警示："如果（创业者）一开始就把主权让出去，比如 60% 给出去，再伟大的企业也做不下去；我（创业者）只要把事情做起来，这个股份多少不重要，这是错误的，凡是不以股份为目的的创业都是耍流氓。"

资料来源：http://www.jianshu.com.p.ea686ea74b1a。

融资陷阱：24券创始人与投资人博弈终成败局

翻开国内团购网站发展史，24券是无法跳过的一页。24券是中国最早、规模最大的本地服务团购平台之一，在全国200多个城市全天24小时提供最值最新的同城时尚消费服务。创始人杜一楠，哈佛毕业生，曾任美国最大的私募产权基金之一的KKR的投资经理。

24券先后拿到了两轮融资，投资方包括马来西亚成功集团等机构，前后注资超过1亿美元。拿到资金后24券开始了疯狂扩张，结果造成了严重的亏损。由于资金运转严重亏损，而一时间又无法迅速收回账款，无奈之下杜一楠选择了裁员，4 500人团队迅速缩减至300人的规模。

杜一楠找到投资方，希望对方能够继续追加投资，但遭到了拒绝。杜一楠以保障员工利益为由划走了公司账户中的200万元，并联合员工集体抵制投资者。作为回击，投资方开始撤资。最终，双方信任关系彻底破裂。在经历漫长的停运后，2013年1月10日，24券正式关闭。实际上，24券危机背后是团购网站与投资方的幕后博弈，如果当时与投资方联合在一起同心协力，可能还有机会应对团购行业的整体行业危机，但是事与愿违。

9.4 怎样应对融资陷阱

融资陷阱	表现特征	克服方法
融资决策不清晰	不知道公司的正确估值	在估值时可参考同类型企业的估值，重点从未来用户数、活跃用户数、单用户价值、市场份额等方面比较，或者参考未来上市或者出售时的价值，未来潜力越高的估值越高。
	不知道第一轮融资应该注意些什么	涉及公司融资需求、公司出让股份的具体份额等。
	不知道天使融资应该占多少股份	公司越小越要珍惜自己的股份，出让过多股份会对后期管理不利，实际比例应根据贡献分配。
	错过了最合适的融资时间	提前做好公司的未来发展规划，制定每个阶段需要达到的目标。
	选择了错误的融资方式	充分了解各种融资方式的优劣，根据公司的具体情况选择合适的融资方式。
	不知道天使融资、风险投资、私募股权投资的作用以及介入企业的节点是什么样的	用发展的眼光看的话，天使投资一般是在公司初创、起步阶段，此时还没有成熟的商业计划、团队、经营模式，作用是帮助创业者获得启动资金、寻找方向、提供指导。 风险投资一般是在公司发展中早期，有了比较成熟的商业计划、经营模式、初见盈利，作用是为公司升值、获得市场认可、为后续融资奠定基础。 私募股权投资一般是在公司筹备上市阶段和公司发展成熟期，已经有了上市基础且达到了必要的盈收，作用是提供上市融资前的所需要的资金，按照上市公司要求帮助公司梳理治理结构等。
	在没有融资的时候，不知道如何维护企业让其生存下去	只要产品质量过硬，总会有资本跟着跑。但是在产品过硬之前可能还有一段比较难过的阶段，需要企业尽量的控制成本、缩短项目开发时间、可以考虑接一些小项目做维持。
融资谈判过程出现问题	禁不起投资人诱惑放弃底线	坚持融资底线，做好估值和控制权出让准备。
	在具体谈判过程中也可能出现禁不起投资人一直追问项目等此类的问题	熟悉自己的BP，按照投资人视角尽可能完善好BP，尽可能凸显投资人可能感兴趣的点，对投资人可能的提问提前做好准备，可通过电梯演讲、模拟训练等方式练习。

1 创业认识陷阱
2 创业决策陷阱
3 创业情境陷阱
4 创业方法陷阱
5 创业机会陷阱
6 创业计划陷阱
7 商业模式陷阱
8 创业团队陷阱
9 创业融资陷阱
10 创业法律陷阱
11 企业成长陷阱
12 社会创业陷阱

第10章 企业创建

学习地图

- 企业创建的流程是怎样的
- 如何管理初创企业
- 企业法务有哪些
- 怎样应对法律陷阱

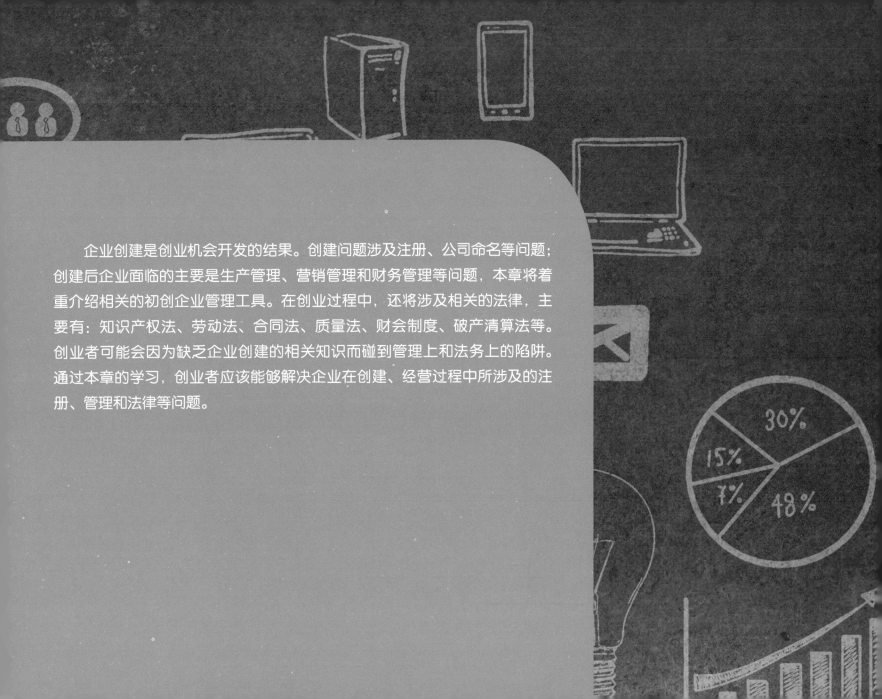

企业创建是创业机会开发的结果。创建问题涉及注册、公司命名等问题；创建后企业面临的主要是生产管理、营销管理和财务管理等问题，本章将着重介绍相关的初创企业管理工具。在创业过程中，还将涉及相关的法律，主要有：知识产权法、劳动法、合同法、质量法、财会制度、破产清算法等。创业者可能会因为缺乏企业创建的相关知识而碰到管理上和法务上的陷阱。通过本章的学习，创业者应该能够解决企业在创建、经营过程中所涉及的注册、管理和法律等问题。

10.1 企业创建的流程是怎样的

德鲁克说:"创业需要与现行管理方式不同的管理。但与现行的管理方式一样,创业也需要有系统、有组织、有目标的管理。"

怎样才算创业?
——创建方式包括:

✓ 从零开始创建一个新企业
✓ 收购现有企业
✓ 购买特许经营权
✓ 加入家族企业来创建企业

创建企业的流程是?

选择新创企业的法律组织形式 → 企业及产品的名称设计 → 企业选址 → 企业注册成立

我国企业的法律组织形式有哪些?

✓ **个人独资企业**

　　个人独资企业是指依法设立、由一个自然人投资,财产为投资人个人所有,投资人以其个人财产对企业债务承担无限责任的经营实体。

✓ **合伙企业**

　　合伙企业是指依法设立的、由各合伙人订立合伙协议,共同出资、合伙经营、共享收益、共担风险,并对合伙企业债务承担无限连带责任的营利性组织。

✓ **公司制企业**

　　根据《公司法》,我国的公司分有限责任公司(包括一人有限责任公司)和股份有限公司两种类型。

　　有限责任公司,股东以其出资额为限对公司承担责任,公司以其全部资产对公司的债务承担责任。

　　股份有限公司,其全部资本分为等额股份,股东以其所持股份为限对公司承担责任,公司以其全部资产对公司的债务承担责任。

企业注册时选择哪种法律组织形式？

不同企业法律组织形式的比较

项　目	个人独资企业	合伙企业	公司制企业
法律依据	个人独资企业法	合伙企业法	公司法
法律基础	无章程或协议	合伙协议	公司章程
法律地位	非法人经营主体	非法人营利性组织	企业法人
责任形式	无限责任	普通合伙人承担无限连带责任；有限合伙人以其认缴的出资额为限承担责任	以认缴的出资额（或认购的股份）为限对公司承担责任
投资人数	1个自然人	普通合伙，2个以上合伙人；有限合伙，2~50个合伙人	有限责任公司50人以下；股份有限公司发起人2~200人
注册资本	投资者申报	协议约定	3万元，一人有限公司10万元，股份有限公司500万元
出资	投资者申报	约定：货币、实物、土地使用权、知识产权或其他财产权利、劳务	法定：货币、实物、工业产权、非专利技术、土地使用权
出资评估	投资者决定	可协商确定或评估	必须委托评估机构
成立日期	营业执照签发日期	营业执照签发日期	营业执照签发日期
章程或协议生效条件	无	合伙人签章	公司成立
财产权性质	投资者个人所有	合伙人共同共有	法人财产权
出资转让	可继承	一致同意	股东过半数同意
经营主体	投资者及其委托人	合伙人共同经营	股东不一定参加经营
事务决定权	投资者个人	全体合伙人或根据约定	股东大会
利亏分担	投资者个人	约定，未约定则均分	投资比例
税负差异	不交企业所得税，投资者个人比照"个体工商户的生产经营所得"适用5%~35%的五级超额累进税率计征个人所得税		公司缴纳25%企业所得税，个人股东分得利润后再按20%缴纳股息红利的个人所得税
解散程序	注销	注销	注销并公告

各种企业法律组织形式的优劣比较

法律形式	优势	劣势
个人独资企业	企业设立手续非常简便，且费用低 所有者拥有企业控制权 可以迅速对市场变化做出反应 只需要缴纳个人所得税，无须双重课税 在技术和经营方面易于保密	创业者承担无限责任 企业成功过多地依赖于创业者个人能力 筹资困难 企业随着创业者的退出而消亡 创业者投资的流动性低
合伙企业	创办比较简单，费用低 经营上比较灵活 企业拥有更多人的技能和能力 资金来源较广，信用度较高	合伙创业人承担无限责任 企业绩效依赖于合伙人能力，企业规模受限 企业往往因关键合伙人死亡或退出而解散 合伙人的投资流动性低，产权转让困难
有限责任公司	创业股东只承担有限责任，风险小 公司具有独立寿命，易于存续 可以吸纳多个投资人，促进资本集中 多元化产权结构有利于决策科学化	创立的程序比较复杂，创立费用较高 存在双重纳税问题，税收负担较重 不能公开发行股票，筹集资金的规模受限 产权不能充分流动，资产运作受限
股份有限公司	创业股东只承担有限责任，风险小 筹资能力强 公司具有独立寿命，易于存续 职业经理人进行管理，管理水平高 产权可以以股票的形式进行充分流动	创立的程序复杂，创立费用高 存在双重纳税问题，税收负担较重 股份有限公司要定期报告公司的财务状况 公开自己的财务数据，不便严格保密 政府限制多，法规的要求比较严格

👉 企业及产品名称如何命名？

Yahoo！源自《格列佛游记》中的一群野人的名字。杨致远说："我们是在一本旅游手册中找到这个名字的，我们觉得Yahoo代表了那些既无经验又无教育的外来游客，与我们这群电脑人非常相近。所以，我们就用了Yahoo！来作为这个软件的名称了。"

Yahoo也是Yet Another Hierarchical Officious Oracle（另一种非官方层级化体系）的缩写。

google在数学中意为10的100次方。布林和佩奇发现"google"是一个合适的名字，因为它与搜索引擎的强大的数据搜索能力正好相关。

企业及产品名称命名的基本准则

01 强化识别功能，选择能够识别企业产品功能和企业功能的名称。

02 凸现个性，避免毫无特征的名称。

03 彰显文化底蕴，命名时注意挖掘企业的历史潜能和当今时代内涵。

04 注重树立品牌意识，尽量使企业名称与产品商标相统一。

05 眼光放远，中英文相一致，且没有歧义，适合国内外人的发音。

创业标杆：思科的命名

思科公司是全球领先的网络解决方案供应商。Cisco 的名字取自 San Francisco（旧金山），那里有座闻名于世界的金门大桥。就像旧金山大桥连接两岸的人们一样，思科路由器也首先解决了当时不同局域网之间的通信问题。

思科系统公司（Cisco Systems, Inc.）的创立是一段美丽的爱情故事。创始人是斯坦福大学的一对教师夫妇：计算机系的计算机中心主任莱昂纳德·波萨卡和商学院的计算机中心主任桑迪·莱纳。两人所处的机构当时分别处于不同的局域网下，对于新婚燕尔的两个人来说无法取得及时的网络通信是一件很痛苦的事情，如何解决局域网之间的连接问题就成立创业的初始动机。再加上，二者也都发现了解决问题背后的巨大商业空间，所以才有了思科公司的创立。

👉 如何选址？

👉 需要考虑的 5 个关键因素

✓ 顾客的可进入性
✓ 企业经营环境
✓ 资源的可获得性
✓ 个人偏好
✓ 位置便利条件与成本

👉 企业选址

办公地点、生产地点、销售地点等

👉 考虑侧重点

✓ **零售业和服务业**
　选址时应更多地考虑商圈大小、客流量、配套设施（如停车场等）因素。

✓ **工业企业**
　选址时更多地应考虑交通的便利性、获得资源的便利性、周围环境等因素，选择到经济开发区和保税区将是一个不错的选择。

创业聚焦：肯德基如何选址

肯德基选址分几个步骤进行：

第一步，收集，分析城市人口及经济数据。肯德基选址前，首先要收集该城市的人口数据资料，如市区人口总量、人口密度、人均收入、人均消费等经济指标（要保证其真实性），并进行分析，获得第一手的市场资料。

第二步，评估、选择商圈。在分析相关数据后，即要实地考察该城市的主要商业区域，并划分出商圈类型：商业型商圈的范围以步行至店址5分钟的距离划定；社区型商圈的范围以步行至店址10分钟的距离划定，等等。

第三步，统计、分析商圈内人口总数及特征。在商圈划分之后，就需要仔细了解目标商圈内的常住人口、流动人口数量、平均收入、平均消费及目标顾客前往该商圈的交通方式等。

第四步：选择集客点。在确定商圈后，要逐个分析商圈内的人潮聚集场所或区域。在评估集客点时，会实地去勘察该场所或区域是否有大型百货商场、购物中心、商业步行街、政府机构、医院、学校及娱乐和休闲中心等，并就其规模做出规模估算和相关数据统计。初步选定的店址是否是个很大的集客点？肯德基一般通过人潮流量测试来检验。

第五步：考虑人流的主要流动路线会不会被竞争对手截住。因为人们现在对品牌的忠诚度还不高，只要你的店离我近，我干嘛非再走100米路去吃别的。人流是有一个主要路线的，如果竞争对手的聚客点比肯德基选得好，会产生重要影响。

10.2 如何管理初创企业

👉 生产管理

生产管理是指在有限的期限内以最经济的方式完成规定质量、价格、数量的产品，而通过对管理体系以及物质体系（作业方法、运输方法、布局设计等）的调整、运用，使人、材料、设备得到有效利用的管理活动。初创企业由于人员和资源缺少，业务的不确定性，因此创业者如何在短时间内做好生产或服务管理，交付客户所需的产品，就要做好严格的内部分工。推荐大家使用项目责任矩阵方法。

✔ **应用案例：（软件安装项目责任矩阵）**

工作分解结构		组织责任者		
		项目经理	项目工程师	程序员
确定需求		6	1	4
设计		6	1	3
开发	修改外购软件包	2	6	1
	修改内部程序	3	6	1
	修改手工操作流程	4	6	1
测试	测试外购软件包	2	2	1
	测试内部程序	2	2	1
	测试手工操作流程	2	2	1
安装完成	完成安装新软件包	5	—	4
	人员培训	2	1	5

注：1——实际负责；2——一般监督；3——参与商议；4——可以参与商议；5——必须通知；6——最后批准。

👉 营销管理

产品

产品不仅包括有形的商品和无形的服务,还包括经验、信息、创意等能为消费者带来效用的事物。

价格

- 决定产品的成本
- 关注市场条件
- 清楚顾客是如何来权衡产品特征与价格的
- 将隐性成本或折扣因素考虑进去(赊销)

促销

- 广告
- 销售促进(样品、优惠券、现金返回、降价、赠品、奖品、人员促销)
- 公共关系

渠道

- 直接销售
- 通过中间商销售

营销组合一般分为四类:
产品、价格、促销、渠道(4P)。

如何利用销售漏斗促进销售？

销售是企业初创阶段生存的关键，销售漏斗工具可以帮助实现客户的有效转化。漏斗的顶部是有购买需求的潜在客户；漏斗的上部是将本企业产品列入候选清单的潜在客户；漏斗的中部是将本企业产品列入优选清单的潜在客户（两个品牌中选一个）；漏斗的下部是基本上已经确定购买本企业的产品，只是有些手续还没有落实的潜在客户；漏斗的底部就是我们所期望成交的客户。为了有效地管理自己的销售人员，就要将所有潜在客户按照上述定义进行分类。

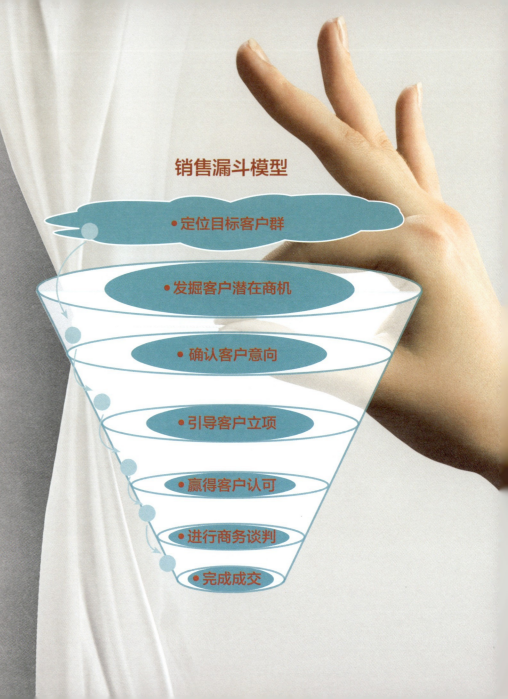

销售漏斗模型

- 定位目标客户群
- 发掘客户潜在商机
- 确认客户意向
- 引导客户立项
- 赢得客户认可
- 进行商务谈判
- 完成成交

销售漏斗表

客户单位	联系人姓名	拟购产品名称及型号	拟购产品金额	预计购买时间	成功率

👉 财务管理

财务管理是有关资金的筹集、投放和分配的管理工作，是以取得最高回报率的方法筹集资本并管理公司资本的过程。

创业企业财务管理的特点：

- 为企业实施成长战略提供支持
- 财务管理的目标定位于可持续的价值创造
- 财务管理的阶段性
- 财务管理的激励性
- 财务治理结构的不断完善性

创业企业财务管理中的常见问题：

- 创业企业的融资能力差，导致资金短缺
- 创业企业的资产管理松散，财务控制能力差
- 创业企业的财务管理人员缺乏、素质不高，使用的财务管理技术和方法落后，致使财务管理的职能很难发挥作用
- 投资决策盲目，且效率低下
- 财务预测不准确，或很难进行预测

创业企业的现金管理和投资管理非常关键：

- 现金周转期是指支付供应商的货款与收回客户的货款之间的时间间隔。
- 周期越长，企业越容易陷入现金危机，因此企业必须尽力缩短这个周期。
- 由于创业企业资金有限且融资能力差，企业应采取集中投资战略。

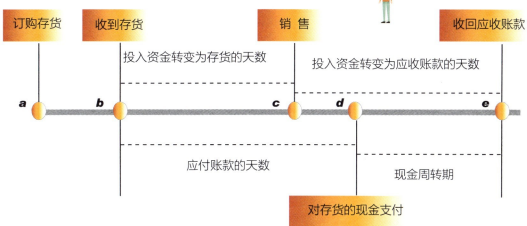

营运资本周转时间表

创业标杆：初创公司财报的十大重要指标

以下是 VC 筛选初创公司必看的财报十大指标。

1. 总营收增长 反映了现有商业模式在市场内的增长加速度。增长曲线会告诉我们市场是否容得下这种稳定的扩展，是由大客户驱动的周期性波浪状成长，抑或是必须主推一款产品还是一套互补产品。

2. 净收入 则体现了一家初创公司为盈利而必须获得的最低额度资金。通过对比初创公司的现金储备、净收入和营收，可以估算出它将需要在什么时候进行融资、正式推出后的财政状况，以及对可能出现的危机做一个大概的了解。

3. 毛利率 用来估计成本，它是总营收减去主营业务成本的结果。在软件业，很多软件公司的毛利率可以达到 80%。相比较而言，食杂品商店的毛利率只有 30% 左右。毛利率是一层隐形的天花板，纯利率永远都超不过它。

4. 边际收益 是在不考虑固定成本的情况下一单位产品所带来的收益，减去变动成本就可以得出边际收益。销售和推广成本常常占据了软件公司边际成本的一大部分。边际收益越丰厚，则一家公司从单位产品中获得的利润就越高。因此，也就有更多的资金可以用来获取客户和推动增长。边际收益率根据市场不同可在 5% 和 25% 之间浮动。

5. 客户获取投资回收期或营销效率 是测量一家公司推广和销售产品的积极性的刻度。这个回收期越长，客户越趋向于离开，而用来获取客户的资金打水漂的概率也就越大，反之亦然。对 SaaS 这家初创公司来说，客户获取投资回收期常常意味着月度付费客户向年度合同客户的转变，因为这样，每位客户的盈利风险被消除了。

6. 流失率 可以被用来量化每位客户带来的潜在收入。流失率越高，随着时间流逝，营收增长的压力也就越大。通常，这意味着公司需要通过收购、降低边际收益和牺牲盈利能力的方式来刺激需求。

7. 员工薪资 是大部分初创公司所要面对的最大单项支出。通过交叉对比，可以知道一家公司的薪资水平与市场平均水平之间的关系。过低的薪资水平为以后的人才流失埋下了伏笔，而过高的薪资水平则意味着难以持久。

8. 销售配额 可以检测产品的受欢迎程度和销售团队的效率。根据产品的不同，内部销售配额从 15 万～60 万美元不等，而企业销售配额则从 100 万～200 万美元不等。在评估一家处于早期阶段的初创公司时，比较看重持续性：小量但更稳定的销售周转率（每周处理掉的客户数量）。

9. 非人员推广支出 是一家公司所能控制的最大一项开支，它通常包括了广告支出与活动支出。与薪资或租金等成本不同，这项开支可以根据实际情况启动或者取消。初创公司大部分把非人员推广支出控制在总成本的 5%～20%。最理想的比例由营销效率决定。

10. 员工平均营收 是衡量一家公司在推广产品时使用科技手段的效率。一些产品和市场对员工人数有着天生的需求。

注：本文作者 Tomasz Tunguz 是 Redpoint Ventures 的风险投资人。

10.3 企业法务有哪些

知识产权

（intellectual property right）

是指人们对于自己的智力活动创造的成果和经营管理活动中的标记、信誉依法享有的权利。

知识产权包括哪些内容？

- **专利权**　　专利权是指专利权人对发明创造享有的专有权，即国家依法在一定时期内授予发明创造者，或者其权利继受者，独占使用其发明创造的权利。

- **商标权**　　商标由文字、图形、字母、数字、三维标志、颜色组合，或上述要素的组合构成。《商标法》规定，注册商标的有效期为10年。

- **版　权**　　版权即著作权，是指文学、艺术、科学作品的作者对其作品享有的权利（包括财产权、人身权）。

- **商业秘密**　　商业秘密是指在不为公众所知悉、能为权利人带来经济利益、具有实用性并经权利人采取保密措施的技术信息和经营信息。

创业聚焦：初创企业如何进行商标保护

企业的名称不等同于商标。很多人认为自己的企业名称是工商局合法批准的，用在自己的产品上是天经地义的，这其实是一个很大的误解。企业在地方工商局注册，只受地方以及行业类别保护，不同的地区或者类别就没有保护的措施了。

1. 在给产品定名前，建议先去查询一下该名称是否已被别家企业注册为商标。如果发现你花了三天三夜想出来的好名字已经被注册，唯一的办法就是赶紧换。

2. 注册商标的时候，类别的选择尤为重要。可以找一个经营内容类似的知名企业做参考，看看别人都申请了什么类别。千万不要花了钱，申请了商标，到头来自己最为重要的类别却都没有提交注册申请。如果资金足够，全类注册就是一个最好的办法。

3. 商标的核准与企业名称不同，即使是完全一样的名称，只要不在同一类别中就可以申请被批准。此外，即使包含同样的文字，只要你申请的商标有明显的辨识度，可以区别于已有商标，也有可能会被批准。这也就是为什么"DOVE多芬"和"DOVE德芙"都被批准为注册商标的原因了。

4. 对于组合商标，如中文、英文和图形，建议分开申请。分开申请可以组合使用，但组合申请的商标在分开使用时是不受保护的。另外，由于组合申请也是分项审核，其中任何一项有冲突或疑义就会被整体驳回，无形中加大了申请难度。

5. 一个商标从提出申请至拿到商标注册证的时间很长。所以，在公司成立之初早早下手为上。

👉 劳动法

建立劳动规章制度有利于：
- 保障企业合法有序地运行
- 降低企业的运营成本
- 有效防范企业劳动用工的法律风险
- 减少劳动纠纷
- 为企业的持续性发展奠定基础

入职审查制度中应了解：
- 年龄
- 学历
- 工作经验
- 工作技能
- 身体状况
- 是否与原来单位已经解除劳动关系

劳动合同应当具备以下条款：
- 01 用人单位的名称、住所和法定代表人或者主要负责人
- 02 劳动者的姓名、住址和居民身份证或者其他有效身份证件号码
- 03 劳动合同期限
- 04 工作内容和工作地点
- 05 工作时间和休息休假
- 06 劳动报酬
- 07 社会保险
- 08 劳动保护、劳动条件和职业危害防护
- 09 法律法规规定应当纳入劳动合同的其他事项

企业忽视劳动合同签订的时间或者未以书面形式订立劳动合同时：

- 《劳动合同法》第八十二条规定，用人单位自用工之日起超过一个月不满一年未与劳动者订立书面劳动合同的，应当向劳动者每月支付两倍的工资。
- 《劳动合同法》第十四条规定，用人单位自用工之日起满一年不与劳动者订立书面劳动合同的，视为用人单位与劳动者已订立无固定期限劳动合同。

👉 合同法

《合同法》对合同的定义：

"本法所称合同是平等主体的自然人、法人、其他组织之间设立、变更、终止民事权利义务关系的协议"。

合同的形式：

- 口头合同
- 书面合同
- 经公证、鉴证或审核批准的书面合同

合同包括的条款：

- 当事人的名称或者姓名和住所
- 标的
- 数量和质量
- 价款或报酬
- 履行期限、地点和方式
- 违约责任
- 解决争议的方法

👉 财会制度

公司均应当按照《公司法》《会计法》和经国务院批准财政部颁布的《企业财务通则》和《企业会计准则》，建立本公司的财务、会计制度。

财务会计制度主要包括：

- 财务会计报告制度，即公司应当依法编制财务会计报表和制作财务会计报告。
- 收益分配制度，即公司的年度分配，应当依照法律规定及股东大会的决议，将公司利润用于缴纳税款、提取公积金和公益金，以及进行红利分配。

健全财务会计制度：

- 有利于保障公司股东的利益
- 有利于保护公司债权人的利益
- 有利于政府有关部门的监督

👉 破产清算法

公司可能会由于下列原因而解散：

1. 公司章程规定的营业期限届满或者公司章程规定的其他解散事由出现。
2. 股东会或者股东大会决议解散。
3. 因公司合并或者分立需要解散。
4. 依法被吊销营业执照、责令关闭或者被撤销。
5. 公司出现僵局，单独或者合计持有公司全部股东表决权 10% 以上的股东，可向法院起诉请求解散。

破产财产的清偿顺序

1. 破产费用和共益债务由债务人财产随时清偿。
2. 债务人财产不足以清偿所有破产费用和共益债务的，先行清偿破产费用。
3. 债务人财产不足以清偿所有破产费用或者共益债务的，按照比例清偿。
4. 债务人财产不足以清偿破产费用的，管理人应当提请人民法院终结破产程序。

企业破产是指企业法人不能清偿到期债务，并且资产不足以清偿全部债务或者明显缺乏清偿能力的，由企业或其债权人向法院提出申请，法院依法运用审判程序平等清偿企业的债务，消灭其民事主体资格的法律制度。

👉 法律援助和诉讼

解决经济纠纷的途径包括：协商、调解、仲裁、行政复议、民事诉讼、行政诉讼。

《合同法》第一百二十八条规定：当事人可以通过和解或者调解解决合同争议。当事人不愿和解、调解或者和解、调解不成的，可以根据仲裁协议向仲裁机构申请仲裁。当事人没有订立仲裁协议或者仲裁协议无效的，可以向人民法院起诉。

仲裁是指仲裁机构根据纠纷当事人之间自愿达成的协议，以第三者的身份对所发生的纠纷进行审理，并做出对争议各方均有约束力的裁决的解决纠纷的活动。

行政复议是指公民、法人和其他组织认为行政机关的具体行政行为侵犯其合法权益，依法向特定行政机关提出申请，由受理该申请的行政机关对原具体行政行为依法进行审查并做出行政复议决定的活动。

诉讼是指人民法院根据纠纷当事人的请求，运用审判权确认争议各方权利和义务关系，解决经济纠纷的活动。

如何用好法律顾问？

选好律师是前提，用好律师是目的。要知道律师一旦受托于某家企业，便与该企业达成了同一个目标，成为同一个利益整体。一方面，作为受托方应主动与委托方进行积极的沟通，以期在一些主要问题上达成一致和共识；另一方面，作为委托方的企业也应与委托律师保持经常性的联系，沟通动态的情况与信息。在必要的情况下，一些没有内部法律职能部门的企业，还应该把聘用律师的服务纳入企业管理的一部分，不仅可以弥补企业管理缺项的不足，还可以最大限度地发挥外聘律师的作用，使自身投资获得高效回报。

用好律师需要把握如下几点：

1. 建立信任
2. 保守秘密
3. 律师承诺内容的书面化与具体化
4. 合理支付律师佣金

10.4 怎样应对法律陷阱

法律陷阱	表现特征	克服方法
企业创建存在问题	企业创建时不知道该选取哪种法律组织形式	了解企业法律组织形式的类别有哪些，创业者根据企业设立手续、承担有限无限责任、创办费用、管理成本、投资者的资本和规模、税收负担、行业特点等几个角度做综合考虑。
初创企业管理存在漏洞	在生产、营销、财务管理上存在漏洞	学习项目责任矩阵方法；学习营销4p方法和销售漏斗模型；学习创业企业的现金管理和投资管理。
创业企业法务方面存在问题	注册时夸大注册资本，导致后面出现问题时需要补足。	在企业创建时实事求是地注册资本，方便后期融资及出现问题时能及时解决。
	没有商标意识，缺乏知识产权保护的思想	了解有关于知识产权、竞争等方面的法规，具体包括《专利法》《商标法》《著作权法》《反不正当竞争法》《合同法》等。
	处理劳动纠纷不当	对合同法及劳动法有初步的了解，提前做好法务问题的预计，出现问题时及时找公司法务做好应对。
	不懂安全法规可能会影响产品设计包装、工作场所和机器设备的设计使用	了解《劳动法》《质量法》《合同法》的规定，对工作环境的安全提供保障以及定期监测。

1 创业认识陷阱
2 创业决策陷阱
3 创业情境陷阱
4 创业方法陷阱
5 创业机会陷阱
6 创业计划陷阱
7 商业模式陷阱
8 创业团队陷阱
9 创业融资陷阱
10 创业法律陷阱
11 **企业成长陷阱**
12 社会创业陷阱

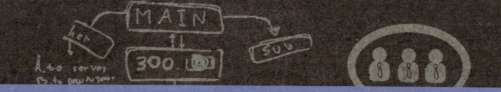

第11章 企业成长

学习地图

- 如何应对成长挑战
- 如何克服新创弱性
- 如何获得合法性
- 创业管理有什么特征
- 初创企业成长战略有哪些
- 企业如何传承
- 怎样应对成长陷阱

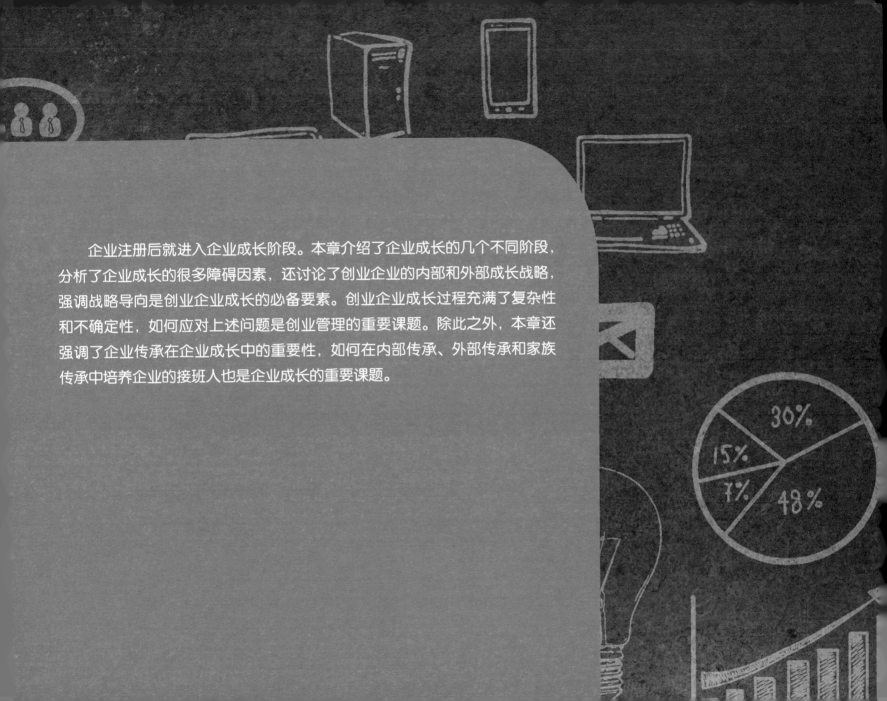

企业注册后就进入企业成长阶段。本章介绍了企业成长的几个不同阶段，分析了企业成长的很多障碍因素，还讨论了创业企业的内部和外部成长战略，强调战略导向是创业企业成长的必备要素。创业企业成长过程充满了复杂性和不确定性，如何应对上述问题是创业管理的重要课题。除此之外，本章还强调了企业传承在企业成长中的重要性，如何在内部传承、外部传承和家族传承中培养企业的接班人也是企业成长的重要课题。

11.1 如何应对成长挑战

企业生命周期理论最有代表性的是伊查克·爱迪思的十阶段成长模型。爱迪思在 1989 年率先全面系统地阐述了企业生命周期理论，在他的著作《企业生命周期》中，他将企业成长过程分为孕育期、婴儿期、学步期、青春期、盛年期、下滑期、贵族期、官僚化早期、官僚期和死亡期这十个阶段。每个阶段都各有特点。孕育期、婴儿期、学步期大致上就是我们常说的创业阶段。

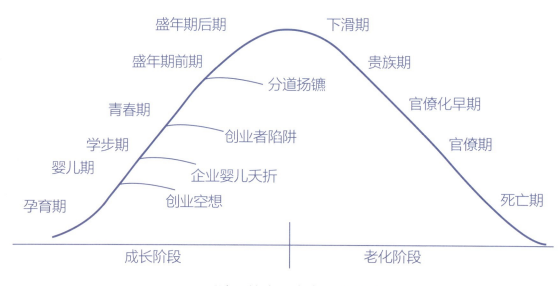

爱迪思的企业生命周期模型

资料来源：伊查克·爱迪思. 企业生命周期 [M]. 王玥，译. 北京：中国人民大学出版社，2017.

成长阶段

孕育期 — 婴儿期 — 学步期 — 青春期 — 盛年期 — 下滑期 — 贵族期 — 官僚化早期 — 官僚期和死亡期

孕育期先于企业出现，在这个阶段，企业还没有诞生，整个企业只是作为概念存在。

任务　重点在于创意和探究未来的可能性，它的首要任务是建立足够的承诺。

特点　创办人推销自己的点子，寻找愿意承担风险、分享承诺的投资人。

注意点　创办人应以满足市场需求、创造价值与意义作为自我期许，一味强调投资报酬率并非上策。

婴儿期关注的焦点从构想和可能性转移到成效的产生上。

任务　追求生存、要有业绩。

特点　制度、政策、预算、程序都非常有限，以个人作用为主，易陷入困境。

注意点　定期摄取营养（资本）、（创业者）父母的关爱。

成长阶段

孕育期 — 学步期 — 盛年期 — 贵族期 — 官僚期和死亡期
婴儿期 — 青春期 — 下滑期 — 官僚化早期

> 到了学步期，创业的构想开始真正体现价值，无论是现金流还是销售量，都是很可观的。企业不仅生存下来，而且还十分兴旺。

> 青春期对企业来说是情感意义上的再生。在这个阶段，企业就像一个正在设法脱离家庭、确立独立性的小青年。

任务　把个人激情转变为理智的思考，把企业活力转变为稳定的企业结构与制度。

任务　强化制度建设，协调种种冲突，从人治走向法治。

特点　产品获得市场的接受，有稳定的现金流；企业管理者信心十足，感觉良好。

特点　从建立到成熟的过渡阶段，经营与管理日益复杂化，各种矛盾爆发。

注意点　初生牛犊不怕虎，感觉良好的管理者往往认为自己无所不能，容易产生不该有的决策或承诺。

注意点　不做好转换，容易陷入混乱。

成长阶段

孕育期 — 婴儿期 — 学步期 — 青春期 — **盛年期** — 下滑期 — 贵族期 — 官僚化早期 — 官僚期和死亡期

盛年期是企业生命周期中最为理想的状态，在这个阶段，企业的自控力和灵活性达到平衡。

任务 认识巅峰只是一点，警惕衰败。

特点 事业到达巅峰，制度的刚性与管理的弹性、企业愿景与现实政策之间找到了契合点。

注意点 容易力图把这一状态通过一个固定模式稳定下来，导致企业活力减退或消失。

下滑期是企业走向衰老的第一个阶段，是增长停止、衰退开始的转折点。在这个阶段，企业的权力中心向负责财务和法律事务的人员偏移，企业家的创新精神在萎缩，最终大大影响了企业满足客户需求的能力。企业将进入下一阶段——贵族期。

官僚化早期存在管理偏执。偏执会加剧企业的衰败，管理者为了保全个人，彼此争斗，企业的业绩下滑，而偏执却仍在加强。这样的情况会一直持续到企业最终破产，或收归政府所有，以及步入下一阶段——成为完全的官僚化企业。

贵族期的企业宁可依赖外部因素而不愿意自己采取行动，企业一直在通过兼并或者涨价来弥补损失。最终，销售量下降，企业陷入市场份额、收入和利润持续下降的绝望之中，企业进入下一阶段——官僚化早期。

在官僚期，企业根本无法自力更生，唯一关注的事情就是规章制度，最终死亡。企业死亡的定义是企业已经没有资源鼓励人们为自己工作。当没有人或政府为企业承担义务和责任时，企业就进入了死亡期。

成长管理重点之一：团队激励

人力资源重点也不同在企业不同发展阶段

初创期：无经营战略，市场初建，资源紧张，管理无序，环境不足——团队初步组建。

成长期：起步运转，规模小，制度不足，员工少——技术、生产、营销人才和其他关键人才的吸引激励。

成熟期：分工细化，层次增加，规模增大——完善的人资管理体系。

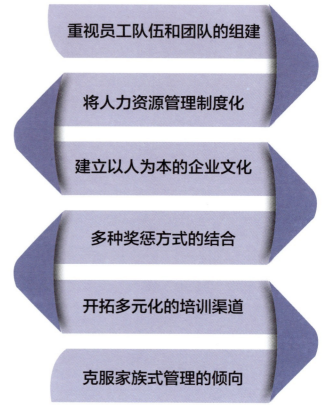

初创企业人力资源管理策略

- 重视员工队伍和团队的组建
- 将人力资源管理制度化
- 建立以人为本的企业文化
- 多种奖惩方式的结合
- 开拓多元化的培训渠道
- 克服家族式管理的倾向

团队如何激励

激励是关键！

核心创业者
1. 自我激励
2. 产权激励

关键人员
1. 兴趣激励
2. 职位与信任激励
3. 报酬激励
4. 工作环境激励
5. 产权激励

一般员工
一般员工
1. 鼓励参与
2. 赋予适当职位
3. 提供培训机会
4. 制定职业发展规划
5. 目标诱导
6. 恰当评价
7. 提供适当报酬
8. 创业者以身作则
9. 赋予一定产权
10. ……

成长管理重点之二：不确定性应对

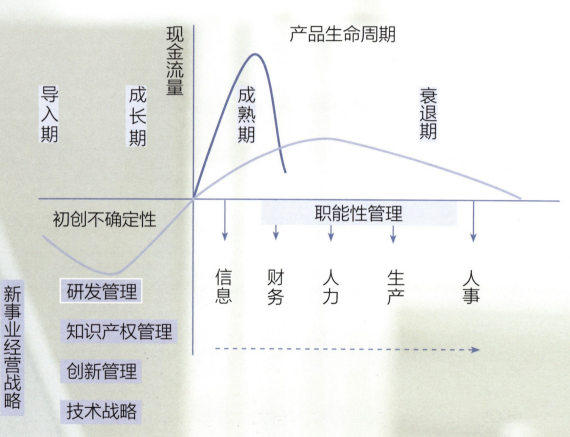

企业的生命周期与不确定性

初创期	成长期	成熟期	衰退期
由于企业在财务上没有盈利还在亏损，这一时期的市场增长率较高，需求增长较快，技术变动较大，产业中各行业的用户主要致力于开辟新用户、占领市场，但此时技术上有很大的不确定性。	新产业的产品经过广泛的宣传和消费者的试用，市场需求开始上升，新产业也随之繁荣起来。与市场需求变化相适应，供给方面相应地出现了一系列的变化。但是，总的来说由于受不确定因素的影响较少，产业的波动也较小。	这一时期的特征表现为：市场增长率不高，需求增长率不高，技术上已经成熟，行业特点等非常清楚和稳定，买方市场形成，行业盈利能力下降，新产品和产品的新用途开发更为困难，企业面对的环境相对稳定。	由于企业多开始转向其他产品或行业，这一时期，虽然会出现市场增长率下降，需求下降，产品品种及竞争者数目减少等变化情况，但是不确定性对企业的影响已经不大。

在现代社会背景下，企业的经营环境越来越呈现出不确性，社会活动和企业自身的情况也具有复杂多样性，企业成长必须提高自身的动态适应能力和持续成长能力。

那么，什么是不确定性？

- "风险"指的是可度量的不确定性，用"不确定性"表示的是不可度量的风险。
- 简单来说，不确定性是指企业内外部环境的多变性。

对新创企业来说，不确定性的影响主要体现在初创期和成长期（如上图所示）。

不确定性对机会创造与利用的综合影响

	确定性环境	低可变性环境	高可变性环境	不确定性环境
01 机会创造与发现	有唯一正确选择、可采用持续竞争优势概念	战略假设具有少数几种变化	需要非常多样化的多种假设	大量的假设、检验与产品推出阶段几乎不可区分
02 机会突破与利用	对唯一正确选择进行大量投资	对若干方法进行适度投资	巩固明显的成功	迅速放弃失败的方法
03 机会整合	设立障碍，利用类似垄断的条件	巩固成功，但不进行长期资源投入	通过检验尽力转向低可变性，保持资产的可移动性	此阶段被精简，在利用阶段已获得收益
04 机会分解与循环	逐渐、系统地撤出资源，转移到相关或类似业务	当检验发现投资收益率可能下降时开始进行分解	随时迅速组织重新部署资产	在利用阶段的顶峰开始进行分解

成长管理重点之三：复杂化环境应对

- 很多新企业的快速成长靠的是对市场机会的识别，有些凭借市场细分方法寻找到成熟企业的空白市场，有的是依靠创新产品开拓的新市场。这种对市场的依赖，很容易使企业忽视对企业内部结构和外部环境的动态调整。
- 随着企业的快速成长，企业的动态变化表现在多个方面：内部资源结构的变化，员工管理的变化，所需资金的变化，管理职能权力的扩张和收缩，行业市场结构的转变，竞争者策略的改变，宏观环境的变换等。简单来说，复杂性就是企业受到影响变化的因素很多。

内部管理、运营的复杂性

- 企业快速发展，创业者很多时候会感到人不够用，考虑重新设置企业内部的管理职能机构。在这种企业规模扩大的情况下，企业往往难以在短时间内找到合适的人员来胜任这些岗位，从而增加了企业内部管理的复杂性。
- 客户的需求大了，需要供应的产品自然就多了。企业需要扩大供应规模，这里存在两种情况：有的企业是委托其他厂家加工生产，可能是原先的小厂家不能满足需求，要联系大厂家；有的企业是企业内部自己生产，此时就要购置机器，招聘人员并对他们进行培训，以扩大生产能力。这又会带来其他方面的变动调整，进而加大了企业内部运营的复杂性。

外部环境和竞争的复杂性

- 快速成长显然会给企业招来更多的竞争对手，甚至给整个行业的市场竞争带来影响。
- 对一些行业内不起眼的小企业来说，它们可以通过模仿加低价，形成价格优势，抢占一方市场。两面夹击的情况，都给创立的新企业带来了很大的挑战。
- 随着竞争者的增多和竞争形势的激烈，卖方原先拥有的优势就有可能会丧失，消费者有了更多的选择以后，供应商就要想办法保持原有的顾客并调整策略去赢得更多的顾客。
- 将手伸向新的市场时，成长中的企业对这个市场并不是很了解，于是，新的环境又影响到企业的策略。这些又给企业成长过程中所面对的环境加大了复杂性。

成长管理重点之四：阶段性挑战

挑战5 柔性
挑战4 复杂僵硬
挑战3 授权与控制
挑战2 授权与治理
挑战1 规范与领导

起点

1. 创业阶段
依靠创业者的个人创造性和英雄主义。

2. 集体化阶段
企业通过很多专业化的经理人去管理若干部门，建立一个管理团队去指导员工工作，引导员工执行决策层的决定。

3. 规范化阶段
企业高速成长，需要更多的授权，也需要不断地加强控制。

4. 精细化阶段
需要通过更规范、更全面的管理体系和管理流程。

5. 合作阶段
规模迅速壮大，也许成为一个全球性的公司。

类　别	创业阶段	集体化阶段	规范化阶段	精细化阶段	合作阶段
管理重点	生产和推销	经营的效率	扩展市场	组织的整合	解决问题和创新
组织结构	非正式	集中式以及职能型	分权式以及地域型	一线人员和产品组	矩阵团队
高层管理风格	个人主义和创业精神	指导型	授权型	监督型	参与型
控制体系	市场结果导向	标准和成本中心	报告和利润中心	计划和投资中心	共同目标制定
管理者报酬	所有权	增加薪酬和福利	个人奖金	利润分红和股票期权	团队奖金
管理模式	以人为本	过程管理	开放体系	开放体系	目标管理
危机来源	创始人的领导力	员工：遵循既定程序与发挥主观能动性的矛盾	失控：一线管理者各自为政	官僚：总部和基层产生不信任	未知

11.2 如何克服新创弱性

孕育期、婴儿期、学步期，大致上就是我们常说的创业阶段。创业失败率高是个普遍现象，其原因往往被归结为新创弱性，所以企业成长的前提首先是克服新创弱性。

创业企业新创弱性

维度	类型	说明
内部缺陷	对目标和使命认识不足	新企业往往要涉及确定角色定位、设定新目标或使命，从而要求企业进行学习和探索
	过程不确定性高	实现新目标和完成新任务的过程充满着不确定性，而且具有高成本和低效率的特点
	组织结构的可再生性低	组织结构的可再生性是一种组织结构化能力，随着组织的成长而增强，在新企业初创阶段往往处于低水平
	资源不足	资源包括财务资源、物质资源、组织资源和精神资源。新企业往往缺乏足够的资源来实施它的战略。
	内部关系与信任方面成本高、效率低	处理组织内部个人与个人的关系以及个人与组织的关系会产生协调成本，新企业在处理这两种关系时往往表现出高成本和低效率的特点
外部缺陷	适应小生态环境的能力较低	即使在密度很低的小生态环境中，新企业也会面临形式构造合法性的约束
	嵌入大环境的能力较低	新企业还无法有效地嵌入其所处的大环境，因而缺乏社会政治合法性
	外部信任与关系不稳定	新企业必须与陌生的外部人建立社会关系，主要是组织间关系。因此，新企业的外部信任与关系相对于成熟企业而言比较不稳定

11.3 如何获得合法性

创业合法性，是指在特定的信念、规范和价值观等社会化建构的系统内对创业行动是否合乎期望及恰当性、合适性的一般认识和假定。由于新创企业缺乏经营业绩历史，外部资源拥有者不敢轻易地将资源投入企业中，只有当他们认同新创企业的商业模式和发展前景时，才愿意投入资源。因此，新创企业获取资源的关键在于，新创企业对资源拥有者是否有意义、有价值、值得信任和富有吸引力，即是否具有合法性。合法性获取也是新创企业克服新进入缺陷的关键。对新创企业来说，它的合法性来源一般包括规制合法性、规范合法性和认知合法性三种。

不同的合法性获取策略对于企业能力的要求是不同的，同样，不同行业和组织特征的新创企业对于合法性获取策略的选择倾向也是存在差异的。有效的策略选择必须同时考虑新创企业的行业特征和自身的组织特征。

新创企业合法性获取策略

遵从环境
（如成熟行业、无相关经验）
新创企业可以将自身置于现有的制度框架之内来寻求合法性。

选择环境
（如成熟行业、有相关经验）
新创企业可以通过选择对自身最为有利的细分环境作为生产经营的制度结构。

创造环境
（如新兴行业、无相关经验）
新创企业必须通过自身的主动性创造和建立一套为后来者所接受与遵守的合法性基础。

控制环境
（如新兴行业、有相关经验）
新创企业主动地改变环境来获得合法性。

11.4 创业管理有什么特征

创业企业获得合法性后,就开始步入了正常的创业管理阶段,需要全面了解这个阶段的管理特点。

01 生存重于发展原则 由于企业创业期是企业的高风险期,刚诞生的企业很弱小,对来自市场或企业内部损伤的抵御能力差,在生存的基础上发展是这一阶段最大的追求目标。

02 重权威原则 创业者一般通过两个层次的扁平组织架构来实行一对一的粗放型管理,企业管理的核心是创业者本人,创业者的能力大小、强弱对企业发展来说起着决定性作用。

03 低成本原则 企业的生产、销售、研究和开发、办公、薪金等费用都必须坚持低成本原则,能节约就节约。

创业管理的特点

创业管理是非连续性的管理。

创业企业发展的阶段性特征决定了创业管理者角色的变化和管理方法的变更。为了使企业快速地完成从种子期到成长期甚至成熟期的变化，在制定创业企业成长战略的基础上，管理者更应该适应这种阶段性的变化，才能使管理与企业的发展同步，不会出现断层。

创业管理更多地要依靠创业团队。

创业企业规模较小，面临的风险较大，不确定因素较多。面对机会及不利因素时，创业企业要迅速地对市场变化做出反应，创业团队在应对这些紧急情况时起到关键作用。

创业管理最重要的任务就是整合创业企业的资源。

创业企业把所控资源很好地整合运用到生产、营销和财务管理上，才能到达事半功倍的效果，实现企业生存发展的目的。

创业管理是柔性的管理。

创业管理要在各个环节上激发员工的主动性和创造性，以适应瞬息万变的外部环境，推动企业的成长。

创业管理的特点

创业管理与传统职能管理

比较维度	创业管理		传统职能管理	
	特征	动因	特征	动因
战略导向	机会导向	机会的减少,技术、社会价值观念等环境因素的快速变化	资源导向	外部契约,绩效考核,计划系统
把握机会	快速	行动导向,理性地冒险,缺乏决策支持信息,外部竞争,更有效地利用资源	缓慢	较充足的决策支持信息,设法降低风险与资源现状的协调
获取资源	以低成本逐渐获取	预见资源需求能力弱,对环境的可控能力弱	大批量的采购和积蓄	降低风险的需要,采购的规模经济性,正式的资金预算系统,正式的计划系统
资源控制	临时性地使用或租用资源	资产的专用性,扩张速度减缓的风险,机会识别中的错误风险	占有资源	财务收益,协调行动,转换成本
满足需求	客户第一	保持与客户之间的密切关系,一切以客户为中心	客户与市场并重	保持与客户之间的密切关系,同时投资有前途的创新,尽管暂时还不能满足当前急切的需求
组织结构	扁平,非正式网络	可控程度低的关键资源,员工对自由度的渴望	层级系统	责权清晰的要求,组织文化,报酬系统
组织学习	知识制度化	将知识制度化,以免必须重新学习经营课程	知识制度化与创新化并存	将疑问的态度制度化,使得学习与抛弃旧有知识并存

11.5 初创企业成长战略有哪些

专业化成长战略

专业化战略是最普遍的一种企业成长战略类型。采取专业化战略的企业将发展重心集中在自己最为优势的某项业务、某类市场或是某种技术之上,为此投入大部分甚至全部的资源,力求在此基础上取得最佳的业绩,成为市场上和行业内的领先企业。专业化可细分为市场渗透和市场开发两种战略。

A. 市场渗透战略

市场渗透是指扩大市场份额,即在既定的目标市场上扩大现有产品的销售额在整个市场中的比例。对新创企业而言,选择中等成长水平的市场比较适宜。

企业常用的增加产品市场份额的方法有:增加广告支出,提供促销活动,降价,扩大销售队伍的规模。例如,各大银行的信用卡部门都将目光盯在了大学生身上,通过校园促销、赠送礼品、免年费等手段向大学生这个市场渗透。

B. 市场开发战略

在企业创立初期,企业资源有限,只有集中于比较固定的狭窄市场,并建立资金的竞争优势。在获得稳定的地位之后,为了获得更大的市场空间,企业就会趋于进入新的市场,比如进入新的地区、新的行业、新的消费群体等。

由于创业者知识和经验的不足,在企业初创时可能没有发现产品的其他潜在顾客。在企业后来的发展中,管理者发现了这些潜在顾客,并面向他们制定了一些营销战略,进入了这个新的行业。

多元化战略

多元化战略是指企业的产品或服务跨一个以上产业的经营方式或成长行为。企业在选择多元化战略时，常常是为了分散专业化的风险，或是为了充分发挥企业资源的效益，但却很少考虑多元化的风险性。

伦敦商学院康斯坦丁诺斯 C. 马吉士（Constantinos C. Markides）教授在《是否多元化》一文中，给出了帮助经理们确定多元化是机遇还是风险的 6 个关键问题：

01 在目前的市场上，企业在哪些方面做得比任何一个竞争对手都好？

企业只有明确了自己的优势，在新市场中成功的机会才会更大。

02 需要什么样的战略资产才能在新市场中取得成功？

企业必须确定它已经掌握了在自己所要进入的领域中建立竞争优势而需要的全部战略资产。

03 能够在与对手的竞争游戏中赶上或超越它们吗？

如果企业现在缺少关键的战略资产，就要思考是否可以买到或开发出这种资产，或通过改变游戏规则来降低该战略资产的重要性。

04 业务多元化就应该将需要放在一起的战略资产分割开来吗？

很多时候企业的战略资产只有放在一起才能发挥作用，不能单独割裂开来。

05 新市场中仅仅是充当一个参与者还是作为一个胜利者崛起？

许多的多元化企业往往很快就被竞争对手挤出市场了。

06 企业能从业务多元化中学到什么？是否已从组织上做好准备进行学习了？

企业应将多元化变成一种学习过程，从新业务中学习如何改进现有工作或改善组织的效率。

国际化战略

创业企业要有国际化的视野,要走创新型的路线,依托国际化市场,扩大产品的发展空间。

水平维度

水平维度是指创业企业在地理上的扩张。许多创业企业取得一定的发展后,仅仅从原始地点扩张到了新地域就实现了成长,这种扩张在零售产业和服务业中都较为常见,如俏江南。

垂直维度

垂直维度就是产品生产线的扩张。这种扩张战略是制造其他规格的产品,尤以吸引国际高端消费者为主要目标。如果企业现在生产低端产品,将来生产高端产品就能获益,那么就可以生产高端产品,以满足国际市场对此种高端产品的需求,同时增加了产品的附加值,有利于创业企业的快速成长。

外部成长战略

并购战略

并购是一个企业购买另一个或多个企业的资产或股票,吸收其成为自己的一部分的行为。

并购战略类型分成两类:一是在现有业务的基础上或进行横向扩展,实现规模的扩大;二是进行纵向扩展,向前或向后延伸,进入目前业务的供应环节或使用环节,实现产品链的延长。

特许经营战略

特许经营是一种商业经营模式,就是企业通过契约的形式授权其他企业在特定地区购买其产品,使用其商标和企业经营方法,并通过契约的形式规定双方的权利和义务。

特许经营可以分为两类,一类是特许权的授予人将产品销售和商标使用权授权给特许权持有人,另一类是特许权授予人通过培训、广告和其他帮助等形式将一种经营模式提供给特许权持有人。

许可证经营战略

许可证经营是一家企业允许另一家企业在严格界定的条件下使用其特定形式的知识产权。

创业企业通过许可证经营,一方面可以取得收入,另一方面还能分散新技术开发的风险和成本。许可证经营也存在风险,那就是它会创造出自己的竞争对手,这个竞争对手将不再使用这种许可,反而开始销售一种不相似程度足以规避违反许可证经营协议的产品。

战略联盟和合资企业战略

战略联盟是为了实现特定的目标而在两个或多个企业之间建立的合作关系。合资企业是当两个或多个企业联合它们的部分资源创造一个独立的、共同拥有的组织时所创造的一个实体。

同样,合资企业也常常是企业获得快速成长的一种方式,特别是为了进入国外市场,企业可以通过与当地企业合资来达到这一目的。

11.6 企业如何传承

企业跨越了成长，必然涉及传承问题。一个能够持续发展的企业必然有着合理的可传承的要素和内容，因此把这些经前人总结过的经验和教训认真地传承下来，必定对企业将来的发展大有好处。传承内容的基础是技术，关键是管理，核心则是文化。

企业传承方式

内部传承（高管晋升）

子女不适合接班时，可以考虑从企业中选拔内部经理人。内部经理人在企业历练多年，无论是在能力、业绩还是人脉上，都能帮他建立足够的威信，赢得大家的信服。他的继任有利于增强企业的凝聚力、向心力，有利于调动人才的积极性，有利于企业的稳定和发展。

外部传承（职业经理人）

通过挑选外部优秀的职业经理人来继承企业的领导权。从能力上看，外部寻找要强于内部培养。这是因为外部可选的空间大，选到能力强的职业经理人的概率较高。当然，由于企业的产权属性，难以让职业经理人真正地施展才华，这就要求家族企业在寻找的过程中，谨慎地选择外部经理人。

家族内部的继承（子承父业）

这种传承的方式又被称为子承父业。它是指创始人退休以后，由其子女直接继位，担任企业的领导者。目前，这种接班模式在中国较为普遍。它不仅是感情上的偏向所致，更是传统伦理、市场环境、产权属性等多种因素决定的。它比较符合中国的传统伦理和现实情况，是一种比较现实和能够被接受的选择方式。

11.7 怎样应对成长陷阱

成长陷阱	表现特征	克服方法
企业成长阶段管理存在问题	不能很好地判断企业目前所处的成长阶段	对照行业企业,明确公司目前的发展情况。
	不清楚每个成长阶段的的管理重点是什么	初创企业应该注意员工的流动问题、新用户积累问题;成长期公司应多注意核心人员的变动问题、企业产品更迭问题、市场细分问题;成熟期企业应该多注意新产品的开发问题;衰退期的企业应该多注意同行业竞争关系问题。
企业成长的风险和多变问题考虑不周	缺少风险意识,盲目扩张是每个创始人都可能犯的错	企业在任何阶段都应当具有风险意识,做好风险识别、风险评估,想好相应的风险对策,做好管理效果的评价。
	对企业成长的不确定性和复杂性缺乏认识	在行业周期中去认真体会企业成长的,通过研判企业的外部环境多变性和内部复杂性,来尝试归纳企业的应对规律。
企业成长战略存在问题	选择了错误的成长战略	成长战略的选择应当与企业的发展阶段、发展方向、发展前景相对应。

创业聚焦：今日头条面临 BAT 等围剿

今日头条已在2016年年底拿到了红杉资本、建银国际等方面投资的10亿美元D轮融资，现估值已经超过120亿美元。2012年今日头条刚刚成立，还只是BAT的一个假想敌，当时的互联网，核心的议题还是三大巨头谁会率先拿到移动互联网的船票。当微信的出现把腾讯送上船后，人们发现，一艘名为今日头条的小船默默地划向了巨轮身边。现在，这家公司俨然已经成为互联网巨头的"大敌"。不只是巨头，几乎想在内容领域有所动作的公司，都会自觉不自觉地把头条当对手。在2017年，打响"围剿"头条"第一枪"的是百度。两家公司已经在包括信息流、搜索多个层面上呈现直接竞争的态势。除了百度，在内容聚合平台的赛道上，国内市场上已有的大玩家还包括腾讯旗下的天天快报、小米投资的一点资讯、阿里系UC以及今日头条昔日的投资方之一微博，等等。今日头条成长过程中要面临的对手越来越多。

资料来源：http://www.nbd.com.cn/articles/2017.04.07/1092094.html。

1 创业认识陷阱
2 创业决策陷阱
3 创业情境陷阱
4 创业方法陷阱
5 创业机会陷阱
6 创业计划陷阱
7 商业模式陷阱
8 创业团队陷阱
9 创业融资陷阱
10 创业法律陷阱
11 企业成长陷阱
12 社会创业陷阱

第12章 社会创业

学习地图

- 什么是社会创业
- 社会企业有何不同
- 什么是公益创投
- 怎样应对社会创业陷阱

社会创业是一种特殊的创业类型,也是最近大家关注的热点。本章主要讨论了社会创业的概念、社会创业的商业模式和公益创投。社会创业作为一种新型的创业形式,倡导利用商业方法来解决社会问题,可创造巨大的商业价值和社会价值,是一个新兴的创业领域。公益创投则是支持社会创业的金融工具。由于社会创业和公益创投在中国起步较晚,国内对它们的理解仍然存在一定误区,且社会企业和公益创投目前还存在各种各样的限制,因此无法顺利大步地发展。通过本章的学习,将有助于消除误区,全面理解社会创业的基本内涵和公益创投的实践价值,同时对社会企业和公益创投今后的发展问题有所思考。

12.1 什么是社会创业

社会创业
(social entrepreneurship, SE)

也被译为"社会创新"或"公益创业",是个人、机构和网络通过捕捉新机会,处理社会事务供应不足或者应对环境问题、产品分配不均,进而挑战传统社会服务供给方式失效的产物。社会创业是应对市场失灵、政府失灵和志愿失灵的手段之一,以社会责任为导向,解决社会问题。社会创业强调通过商业手段创造价值,兼顾社会效益和经济效益。

社会创业的特征

社会性 社会创业的首要特点是社会性,具有明确的社会目的和使命。社会创业者进行创业的主要目标是解决社会问题,实现某种社会目标。社会创业是为大众公共利益服务的创业,它的特征之一就是不单纯以盈利为目的,即不以追求利润的最大化为根本目标。社会创业的最基本要求,是在创业过程中不能伤害社会利益。社会创业并非不涉及经济利益,相反,社会创业还必须遵循市场原则,但是社会性与商业性二者并不矛盾。

创新性 社会创业同传统的商业创业一样,它的本质是创新。社会创业的"创新性",意味着新思想的产生和新模式的创建。社会创业的创新性体现在三个方面:新产品和新服务;现存产品和服务的更多社会效应方面的新用途;构造社会问题的新标准、新定义和提出新的解决方案。

> 社会创业与商业创业的主要区别不是创业过程,而是创业的价值追求。

价值性 通过社会创业,新的产品、服务、交易、方法、资源、技术和市场被创造出来,从而对一个社区、社会或市场贡献一定的价值,而且社会创业追求的社会价值创造始终高于经济利益追求。社会创业过程,最起码能够达到满意原则。社会创业过程涉及个人、组织、社会、国家、民族乃至人类的价值利益,各方价值利益应该兼顾。社会创业应该遵循价值性,努力达到互补和兼顾,而不能强调无原则的牺牲和价值受损。

过程性 社会创业是创造价值的过程,它包括从创业伊始,到组织或活动的经营管理,甚至到某一时间的退出之间的所有各类决策和行动。社会创业是一个过程,意味着成长。由于社会创业主要是解决社会问题,因此,社会环境差异将会影响社会创业的各个方面。由此可见,社会创业是一个不断变化的过程。

社会创业者

社会创业者（social entrepreneur），也被译为"公益创业者"或"社会企业家"，特指社会创业的行动者与发动者，或者社会企业的创办经营者。

社会创业者具有六种很明显的品质特征：

01 自我纠错能力。 这既需要有冷静的头脑，又需要谦卑和勇气。

02 善于分享。 他们与人分享的荣誉越多，就有越来越多的人愿意帮助他们。

03 自我突破。 现实和理想之间的较大差距，使得社会创业者必须超越他们领域的正统观念去看待事物，从而能够发现解决社会问题的方法和手段。

04 善于创新，勇于超越。 社会创业者善于创新，以创新立业。

05 甘于忍耐与寂寞，默默无闻地工作。 他们得到承认时，往往都是在他们默默无闻地工作了多年之后。

06 强大的道德使命推动力。 道德使命推动力鼓舞和激励着他们做需要做的事情，促进社会不断发展。

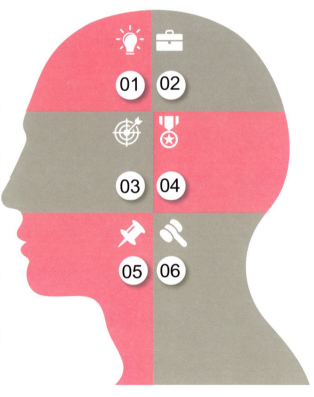

中外社会创业概况

英国

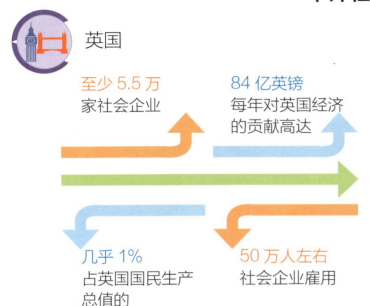

至少 5.5 万家社会企业

84 亿英镑 每年对英国经济的贡献高达

几乎 1% 占英国国民生产总值的

50 万人左右 社会企业雇用

英国社会企业通常存在于四大领域：①医疗和社会护理，包括临终护理、儿童护理、福利、指导、膳宿服务等；②社区或社会服务；③房地产租赁；④教育等多个社会经济领域。

英国社会创业的内在含义和主要特征

01 具有志愿服务性，以社会或环境效益为使命和目标。

02 具有盈利性，以商业化方式运作，与传统的慈善组织不同，有偿提供产品或服务。

03 具有资产锁定性，不像传统企业以赚取最大利润为最终目标，它需要按照自身的社会目标再投放于业务本身或所在社区。

04 具有包容协商性，在整个企业治理过程中需要充分考虑本社区居民的意见。

05 具有可问责性，需要接受公众监督，实现透明化管理。

美国

美国公益事业的国际化程度较高,社会创业也非常活跃。美国强调的是市场对资源配置的基础作用,政府只做适当的干预。因此相对英国社会创业而言,美国社会创业的发展更加得益于社会力量的支持。美国的社会基金组织、高校、协会以及培训和咨询机构对社会创业的支持是社会创业发展的强大力量来源。自20世纪80年代开始,私营基金组织就已成为美国公益企业发展的最大支持力量之一。这些基金组织,一方面通过收集企业的基本信息进行网络创造,推动社会创业的启动或者支持其业务竞争,对社会创业者或者所需的人力进行培训来推动社会创业的发展;另一方面,这些基金组织之间还通过合作或联合来促进社会创业的发展,享有社会创业加速器的美誉。

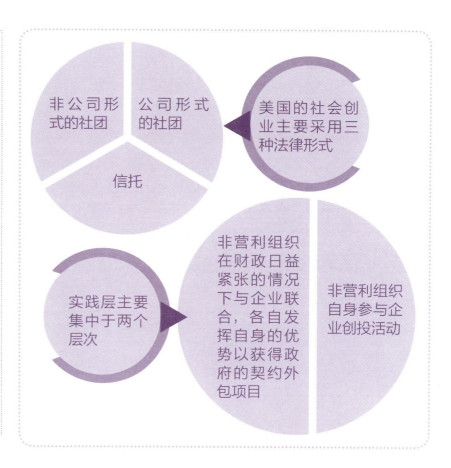

美国的社会创业主要采用三种法律形式:非公司形式的社团、公司形式的社团、信托

实践层主要集中于两个层次:非营利组织在财政日益紧张的情况下与企业联合,各自发挥自身的优势以获得政府的契约外包项目;非营利组织自身参与企业创投活动

中国

中国社会企业快速发展

2004年前	2004~2006年	2009~2011年	2013~2014年	2015年	2016年	2017年
2002年，经济学家茅于轼、汤敏等人兴办培训中西部贫困妇女从事家政服务的富平家政学校 1993年，中国社会科学院研究员杜晓山创立农村小额贷款机构——"扶贫经济合作社"	2004年，《中国社会劳动研究》首次引入"社会企业"的概念 2006年，尤努斯获诺贝尔和平奖，将社会企业概念推向中国	2009年，英国大使馆文教处的社会企业家技能项目在中国落地 2011年，博鳌论坛上发布《中国社会企业与社会影响力投资发展报告》	2013年6月，《中共北京市委关于加强和创新社会管理全面推进社会建设的意见》提出"积极扶持社会企业发展，大力发展社会服务业" 2014年，李克强总理对社会企业和公益创投概念公开支持	2015年9月，中国公益慈善项目交流展示会发起了首个全国性社会企业认证 2015年12月，首届中国青年社会创业大赛决赛举行；12月10日，残友软件新三板挂牌上市	2016年9月1日，《慈善法》正式实施 9月，国内首个社会价值投资联盟成立 11月，《北京市"十三五"时期社会治理规划》发布，首个省市级社会治理五年规划出台	2017年6月11日发布《中国社会企业发展北京倡议》

12.2 社会企业有何不同

社会企业是社会创业的典型。它既不是商业公司，也不是非营利组织。通过商业运作，赚取利润以贡献社会。所得盈余用于扶助弱势群体，促进社区发展及其自身再生产。重视社会价值多于追求利润最大化。**社会企业与传统商业企业的区别在于**，传统商业企业承担社会责任，往往是它们从事经济活动的一种"附加责任"，是追求利润最大化的企业对社会的价值关怀；而社会企业从事道德的商业活动是出于内心的社会责任，它们不仅要自负盈亏，还要进一步运用利润和盈余。

社会企业与非营利组织的区别。非营利组织不会把经营性活动的收入放在核心位置，它们更多地依赖于外界的资助和捐赠；而社会企业把经营性收入放在核心位置，利润和盈余是组织可持续发展的保证。

社会企业与非营利组织、商业企业之间的区别

		纯慈善的非营利组织	社会企业	纯盈利的商业企业
比较角度	动机、方法、目标	对公益慈善的诉求，使命驱动社会价值创造	混合动机，使命、市场驱动社会和经济双重价值创造	对自我利益的诉求，市场驱动经济价值创造
关键利益相关者	受益者	零支付	按补贴价格支付，或支付和零支付型受益者的混合	按市场价格支付
	资本提供者	捐款和补助	按低于市场利率提供资本，或捐款和按市场利率提供资本的混合	按市场利率提供资本
	人力提供者	志愿者	按低于市场水平支付报酬，或志愿者与付酬员工的混合	按市场水平支付报酬
	物资供应者	物资捐赠	按折扣价格获取物资，或捐赠与按市场价格获得物资的混合	按市场价格获取物资

社会企业研究代表性人物 Dees 从动机、方法、目标，受益者，资本和人力提供者，以及物资供应者五个角度区分了非营利组织、商业企业和社会企业。

社会企业的商业模式

价值体系

产品或服务
- 低价产品或服务

价值链
- 价值创造步骤
- 价值链是什么

核心能力
- 需要什么核心能力

分销结构
- 如何服务顾客
- 如何与顾客沟通

活动1 → 活动2 → 活动…

伙伴关系
- 需要什么样的合作伙伴

价值定位

顾客/对象
- 人类的基本需求
- 弱势群体
- 环境问题
- 社会忽略问题

价值构成
- 为顾客创造什么样的经济价值
- 能为社会创造什么样的社会资源

实现价值

价值源泉
- 经济价值如何实现
- 社会价值如何实现

社会企业商业模式理论框架

社会企业商业模式类型与实践

就商业模式而言，价值创造与价值获取能力共同决定了企业商业模式的不同配置，也导致了企业的不同发展结果。就社会企业的商业模式而言，社会企业的社会性和商业性，决定了社会企业商业模式以社会价值创造为主导、以经济价值获取为手段的复杂性，以下是据此进行的四种商业模式分类和典型社会企业案例。

1. 项目型社会企业：南京公益家

"公益家"发现一些家庭有很多不怎么穿的衣服，扔了可惜，放着又占地方。为解决这个问题，公益家以自身有限的力量举办公益跳蚤会，即首先通过网站发布信息，以自由买卖、物物交换或捐赠的方式实现闲散资源的再利用，并将获得的有限收入资助农民工子弟学校的孩子，为他们带来英语课程培训。通过这种模式，参与者获取了一定的经济价值，并以资助的方式创造了一定的社会价值。但由于项目的门槛不高，经济获取能力有限，也使得自身收入来源有限。同时，公益家的客户界面比较狭窄，伙伴网络单一，服务社会广泛需求者的价值创造能力也很有限，造成的后果是较低的经济价值获取和社会价值创造，自身的发展也岌岌可危。

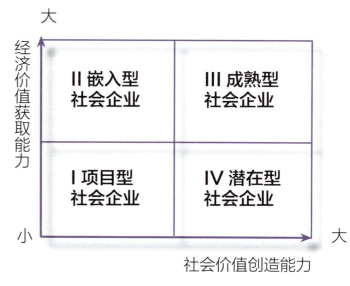

社会企业商业模式分类

资料来源：刘志阳，金仁旻.社会企业的商业模式：一个基于价值的分析框架[J].学术月刊，2015（3）.

2. 嵌入型社会企业：印度联合利华

第Ⅱ象限的社会企业表现为，相对较高的经济价值获取能力和较低的社会价值创造能力的组合。联合利华发现，在发达国家，肥皂市场接近饱和，而在发展中国家仍然存在增长的机会，市场规模的扩大有赖于发展中国家消费者使用肥皂的次数。印度很多穷人没有很好的卫生习惯，导致痢疾流行。印度联合利华公司将这一社会问题与商业机会很好地结合起来，与政府、公益卫生组织联手，推广卫生理念，促使人们养成勤洗手的好习惯，减少了痢疾在穷人中发生的概率，帮助他们得到了健康，同时也获得了巨大的经济利益。

3. 成熟型社会企业：深圳残友

第Ⅲ象限的社会企业表现为经济价值获取能力和社会价值创造能力都很高。这一象限的社会企业，一方面已经能够获取必要的经济收入，以实现可持续发展，不需要依靠外部力量；另一方面还能将自己的社会创造价值能力在发展中不断扩大，所以也被称为成熟型社会企业。深圳残友集团就是一个典型的成熟型社会企业（详见创业标杆"残友基金会"）。

4. 潜在型社会企业：北京采桑子

第Ⅳ象限的社会企业表现为较高的社会价值创造能力和较低的经济价值获取能力。关于这种类型的社会企业，其较低的经济价值获取能力直接影响了组织的可持续发展。如果长期不能解决此问题，该类企业有可能在竞争中被淘汰，或者只能退化为公益性组织，完全依赖于政府和外部捐赠生存，所以也被称为潜在型社会企业。北京采桑子文化艺术发展中心于2003年7月在刘立军的初期运作下成立，该中心价值主张包括：①挖掘、整理、救援苗族民间非物质文化遗产，让苗族民间艺术走出大山，走向世界；②帮助苗族妇女依靠传统的技能变得富有自信，增加苗族家庭的收入。然而，采桑子在发展成长过程中也正面临着许多不可回避的经济问题，客源的不足导致制作、加工规模难以扩张，企业利润难以实现。上述经济价值获取能力的不足极大制约了采桑子的自身发展，也影响了社会企业价值创造能力的进一步发挥。

创业标杆：残友基金会

深圳市残友软件有限公司于2007年成立，是国际上唯一一家全部由残疾人软件技术精英组成的高科技软件企业，公司现有1 207名员工，其中75%以上都是残疾人士。

- 残友集团整合自身力量及社会资源，形成一个较为固定的发展模式（残友模式），即基金会、科技福利企业和公益机构共同构成内部资金流的**三位一体**架构，推进残友这一社会企业的发展。
- **基金会**是指深圳市郑卫宁慈善基金会，是一家非公募基金。
- **公益机构**，包括中华残疾人服务网、深圳市信息无障碍研究会、深圳市残友社工服务社以及中华残疾人服务网义工队。
- **福利企业**，即社会企业，包括深圳市残友软件有限公司等。

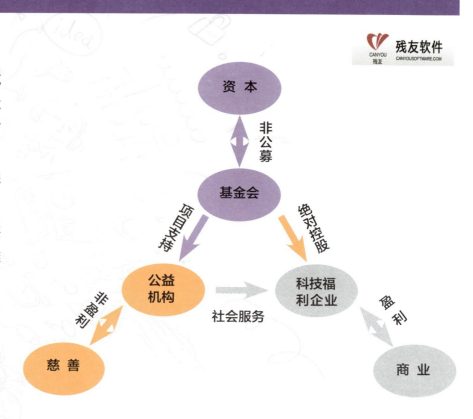

资料来源：康蕾，徐月芳，何荷，等. 中国社会企业战略发展的思考——以深圳残友模式为例[J]. 战略决策研究，2012.

社会企业面临的挑战

价值
- 人性的多元化
- 传统的公益观念
- 社会组织的公信力不足
- 组织文化的冲突

资源
- 公益资源的有限性
- 公益资源的充足性
- 社会资本的多面性

项目运作
- 市场能力的考验
- 监督机制的完善
- 绩效管理的潜在风险

结构
- 多元主体网络的复杂性

环境
- 社会组织的总体发展规模有限
- 社会组织的管理体制需要完善
- 社会企业发展缺少相应的促进策略

12.3 什么是公益创投

什么是公益创投

公益创投是指借鉴商业创投运行机制，对社会创业和社会创新给予持续金融支持并参与其能力建设的社会资本形态。它的投资领域非常广泛。相对于慈善投资和商业创投，它既追求社会影响力的最大化，也考虑一定的经济回报。公益创投具有自身社会使命，产生的社会影响力是投资本意而非副产品。

它具有以下特点：提供资金、管理和技术支持的伙伴关系；注重机构能力建设和整体表现；投资期一般在两年以上；深度介入，风险共担；以使命达成为基础的业绩评估指标。

公益创投的本质与特色

- 投资而非赠与
- 新型伙伴关系
- 结合企业社会责任的"慈善"
- 提供公益组织永续经营的机制

公益创投的一般运作模式

模式一：仅投资而不参与的创投公益基金。该资金供给者仅限于资金额度投资与资助，但不参与受资助方的经营管理。

模式二：有限参与的创投公益基金。该资金捐赠者会注意受资助公益组织的经营风险、绩效成果及高层管理者的管理和领导能力，但不会提供管理上的协助。

模式三：类似商业创投的公益基金。该资金供给者会高度涉入公益组织各个方面的经营管理，当然也会协助受资助方，以提升它的管理能力和绩效。

创业标杆：公益创投基金

北京乐平公益基金会成立于2010年11月，是经北京市民政局注册成立的非公募基金会，注册资金800万元人民币。其长期专注于：培育与投资行业标杆型社会企业、推动社会投资行业发展两大领域。目标是成为中国社会投资的新领军者，有效地推动中国社会企业的治理规范化、投资持续化、成本社会化、经营专业化和服务规模化，有效地推动社会投资这一兼顾社会目标最大化与商业可持续性的新公益投资资本市场的成长。

友成企业家扶贫基金会是经国务院批准，在民政部注册的全国性非营利社会组织。友成基金会以推动社会公正和谐发展为目标，以发现和支持"新公益"领袖人才、建立跨界合作的社会创新网络支持平台为使命，通过研发、实验、资助、合作与倡导，打造新公益价值链，推动更公平、更有效和更可持续的社会生态系统的建立。2013年，友成基金会将新公益理念推广到投资领域，成为社会价值投资的倡导者和引领者。

创思（Transist）是位于上海的社会创新实验室，它的使命为发现、培育和拓展介于技术、设计和模式创新之间的社会企业。它主要为年轻的、成长中的企业提供1万~100万美元的早期投资。同时，也从客户开发、产品市场匹配与市场进入等早期的阶段开始孵化创业者和项目，并为其提供全面的能力建设，包括工作坊、加速计划、专业顾问和导师。

LGT公益创投是2007年由列支敦士登皇室家族成立的全球影响力投资基金。该基金以提升弱势群体的生活质量为宗旨，通过投资于高成长性的社会组织，用商业方式解决社会问题，从而实现可持续和大规模的社会影响力。在过去5年中，LGT公益创投通过它的影响力投资在拉美、欧洲、非洲、印度、东南亚和中国支持了30多家社会企业与公益组织，提升了700多万弱势群体的生活质量。投资领域涵盖农业、教育、健康/医疗、可再生能源以及信息技术等。

12.4 怎么应对社会创业陷阱

社会创业陷阱	表现特征	克服方法
对社会创业的理解有误	不理解社会创业的具体内涵、将社会创业与慈善或者公益混为一谈	"社会使命"优先，而非金钱驱动，是社会企业与普通企业的最大区别。社会企业本质上仍然是一种企业，当然是要赚钱，但是赚钱并不是首要目标，而是必要手段，将赚到的钱继续用于解决社会问题。
不了解社会企业具体运行过程	不知道如何设计社会企业股权结构	一是非营利机构控股型，由非营利机构持有公司的控股权，民办、非企业单位核心团队可以持有公司的激励性股份；二是商业控股型，创始人控制公司，公司下设民办、非企业单位或者成立基金会，民办、非企业单位承接政府类项目，相关收入纳入公司的合并报表；三是平行结构，即同时运营公司和非营利机构，两个机构没有隶属关系，相互协作，互相支持。
	不知道社会企业选择什么样的商业模式	多了解成熟的社会企业选择的商业模式，结合它们的具体方向进行具体分析。
	社会企业缺失核心能力	借鉴商业模式创新思维，运用于社会企业实践，完善自身的治理结构和核心业务。

后记

2001年攻读博士时,我开始接触创业投资和创业研究。2006年博士后流动站出站后就在上海财经大学一直从事创新创业的教学和研究工作。年华易逝、白发间生,不知不觉与这一领域结缘已16个年头了。美国诗人弗洛斯特在《林中路》中说道,"黄色的树林里分出两条路/可惜我不能同时去涉足/我在那路口久久伫立/我向着一条路极目望去/直到它消失在丛林深处/但我却选了另外一条路……从此决定了我一生的道路"。回望过去求学和研究路,十分感慨。尽管选了一条当时并非主流的路,但是今天毫无疑问创新创业已是时代的潮流。

对任何一个做学问的人来说,研究主题的选择永远是最重要的,我也期待自己能按照研究规划做好研究主题的选择。2001~2006年,我主要从事创业投资研究,在博士论文中,我提出"创业资本是从传统产业资本分离出来的专门支持初创企业研发和成长的独立资本形态"这一观点。时至今日,尽管创业投融资已经成为热点,但是真正从政治经济学范畴来理解这种新的金融资本运行的深刻观点仍很少见。我认为,理解中国创业投资运行的诸多问题,关键还是溯源资本运行的矛盾源头。从2006年开始,我在上海财经大学为MBA和本科生讲授"创业管理"和"创业与风险投资"专题,其间,我越发认识到创新创业会成为经济增长的新动力。2008年,我在国内较早出版了《创业学》教材,该书强调了创业企业与成熟企业在管理上的诸多区别,2012、2016年陆续再版。也是从2006年开始，我在研究上主要关注模块化创新和战略性新兴产业这些研究主题，我认为在中国整体缺乏自主技术创新的基本背景下，产品创新尤其是模块化创新是可以给中国在价值链分工位置上带来一定改变的。在战略性新兴产业的追赶过程中，主导设计和模块化创新都是必备的选项。上述这些论断主要汇集在上海市哲学科学著作《产业模块化时代本土企业自主创新之路》一书中。2014年开始，我越来越发现传统的商业创业无法解决更多的社会和环境问题，社会创业作为社会价值和商业价值的高度融合，应该是未来发展的重点，由此我又开始了一段新的研究历程。2015年，我承接了国家社科基金课题"公益创投的契约机制及生态构建研究"，2016年在学校成立中国社会创业研究中心，推进数据库等相关基础工作，如今社会创业研究正在稳步推进中。

16年来，创新创业领域的研究和教学工作，充实了我最好的时光，既庆幸又感怀这一伟大的时代。《创业画布》一书是我十多年研究和教学的结晶，也是很多同行们研究成果的集合，在此我要深表谢意。我的很多学生参与其中的工作，庄欣荷、黄可鸿根据我的创业管理教学课件在酷热的暑期完成第一稿的整理工作，李斌、陈和午、李静雯帮助修改和补充第二稿，最后我又大幅度进行了改编和统稿，可以说本书的完成是集体合作的结果。在本书成稿之余，我要表达我对很多人的感激之情，我所在单位的领导给予我很多的鼓励和支持，我的同事周照帮助我修改和完善了很多内容。更要感谢我的家人，是你们的包容才有了我完成很多写作计划的可能。这本书原计划2017年出版，但是因为各种烦琐事务被我一直拖延，这里很大的责任在我。我尤其要感谢机械工业出版社吴亚军、刘永青、孟宪勐三位编辑，没有三位编辑的鞭策和认真设计就不可能有本书的出版。

苏东坡曾言，"回首向来萧瑟处，也无风雨也无晴"，步入人生的新阶段，我也有了更多的感悟，少了完成书稿的欣喜，多了一点自在。好在写作的过程是愉悦的，特别欣喜的是刘方也小朋友也从小学步入心目中的学校，让我期待着我们也能共同成长，就如创业永远在路上，人生的成长是一张更大的画布。

刘志阳于东方名城
2018年元旦

推 荐 阅 读

商业模式新生代（经典重译版）

作者：（瑞士）亚历山大·奥斯特瓦德 等　ISBN：978-7-111-54989-5　定价：89.00元

一本关于商业模式创新的、实用的、启发性的工具书

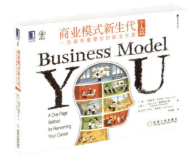

商业模式新生代（个人篇）：一张画布重塑你的职业生涯

作者：（瑞士）亚历山大·奥斯特瓦德 伊夫·皮尼厄　ISBN：978-7-111-38675-9　定价：89.00元

教你正确认识自我价值，并快速制定出超乎想象的人生规划

■ 商业模式的经济解释
作者：魏炜 朱武祥 林桂平
ISBN：978-7-111-38128-0
定价：36.00元

■ 慈善的商业模式
作者：林伟贤 魏炜
ISBN：978-7-111-32901-5
定价：32.00元

■ 重构商业模式
作者：魏炜 朱武祥
ISBN：978-7-111-30892-8
定价：36.00

■ 商业模式的力量（升级版）
作者：彭志强
ISBN：978-7-111-31335-9
定价：36.00元

■ 发现商业模式
作者：魏炜 朱武祥
ISBN：7-111-25445-4
定价：38.00元

扫一扫，听分享